JN025926

小学校英語

だれでもできる 英語の 音と文字の 指導

ABC

山本玲子・田縁眞弓　著

三省堂

まえがき

　みなさんご存じのように、小学校学習指導要領の外国語の「読むこと」の目標は以下のように定められています。

ア　活字体で書かれた文字を識別し，その読み方を発音することができるようにする。

イ　音声で十分に慣れ親しんだ簡単な語句や基本的な表現の意味が分かるようにする。

　実はアとイの間には大きな隔たりがあります。アからイに至る過程は、本当に本当に大切な部分なので、その指導を一体どのように小学校の先生方にわかりやすくお伝えできるのだろう、とずっと考えてきました。

　その試みの一端として、小学校英語教育学会京都支部研究会で山本玲子先生と「理論と実践からの（誰でもできる）文字指導」の発表をした時、「これが本になればもっとたくさんの小学校の先生方に伝えられますね」と話したことが、こうして今、実現しました。私たちの大きな "Dreams come true." です。

　本書の主なテーマは文字指導です。しかし、文字指導の前に音の指導をしておくことが必須なので、第1部は音の指導から入ります。そして第2部が文字指導であり、それらをどうスムーズに結び付けていくかの提案が第3部、という構成になっています。

　また現場に寄り添った内容にするために、現場で起こったエピソードや現場で聞いた悩みなどをたくさん盛り込みました。指導例は、実際に行った授業をもとに先生のティーチャートークの具体例も入れました。

　「ベテラン先生」という、ちょっと照れてしまう名称と、かわいいイラストとともに紹介する活動は、すべて今まで出会った子どもたちと先生たちから学ばせてもらったものです。それを山本先生のしっかりした理論とともに、より多くの先生方を通して子どもたちに届けることができれば、そして、それが今後の彼らの英語学習の大きな支えとなれば、こんな幸せはありません。

　　　　　2020年8月　　　　　　　　　　　　　　　　　　　田縁　眞弓

もくじ

第❸部 音と文字の指導の実際
― KEETメソッド 7つのステップ―

◀本書の構成・主な特徴▶

●本書は、全体が３部構成となっています。

●第１部は、音の指導、第２部は文字指導についての基本的な考え方を紹介しています。テーマごとに、理論や考え方などの解説を中心に展開し、その後に実践に基づく指導例を添えています。

●第１部、第２部は、現場の先生の疑問や悩みを出発点にするねらいから、大学で英語教育を専門とする教員とその指導を仰ぐ小学校で教えている若手教員の子弟コンビの対話から入っています。

●第３部は、実践的な内容です。第１部、第２部の理論・考え方をふまえ、音から文字へスムーズにつなげる指導を、７つのステップで提案しています。ステップごとに指導例を中心に展開し、その後に各指導例の背景にある考え方や留意点についての解説を添えています。

●   ここキーワード！ では、本文中の解説が必要と思われる用語について補足説明をしています。

●   Notes では、本文中の記述に関連して、留意すべきことがらや追加情報などを補足説明しています。

●指導例の中には下記の教材を使用しているものがあります。出典を記します。
Brown Bear, Brown Bear, What Do You See? (Bill Martin /Eric Carle, Henry Holt Books for Young Readers, 1996)
CROWN Jr. 5/6（酒井英樹ほか、三省堂, 2020）

●本書中にサンプルを収録しているワークシートは、当社ウェブサイトの下記ページよりダウンロードできますので、ご指導の際にご利用ください。
■三省堂 教科書・教材サイト ─教育関連書籍・辞典
『小学校英語 だれでもできる英語の音と文字の指導』
https://tb.sanseido-publ.co.jp/relatedbooks/rb-english/rb-english-book/shoei-mojishido/

第**❶**部
音の指導

第①章 文字指導の前に音に触れる

「先生、英語が教科になって、文字指導について悩んでいるんですが。」

「そうですか。どんなところに悩んでいるの?」

「学習指導要領では、『文字を教える前に十分に音に触れさせる』ことが大事とあります。でも、自分が中学生の時は文字を見ながら音を聞いていました。文字がある方がわかりやすいし、教えやすいような気もします。」

「確かに、小学生にも従来型の中学校のやり方でいいという声もあります。でも、その方法で英語を教わったあなたは『本当に使える英語力がついた』と自信を持って言えますか?」

「えっ、自信とまでは…。」

「これからは、教えやすいかどうかではなく、実践的な力がつくかどうかを基準に考えていきましょう。では、なぜ音に触れる段階が必要か…これから説明します。とても大切なポイントだから、最初に押さえておきましょう。」

小学生の音の感覚は鋭い

　小学校でこそつけてほしい力は、かつての中学校では習得しきれなかった真のコミュニケーション能力です。つまり、教室での日本語話者どうしでの会話にとどまらず外国の人を相手に「聞き取ってもらえる正しい発音で好きな色を聞ける」「色についてたずねている相手の発音が正しく聞き取れる」「文

字を見なくても即興でそういう会話ができる」力です。そうした力を養うには、音の感覚が優れている低年齢から始めるのが理にかなっています。（→こんなふうにやってみましょう！①）。

　小学生の音の感覚はいかに鋭いかを示す体験を紹介しましょう。以前、家の前を小学生数名が歌いながら通り過ぎていったことがあります。クイーンの *We Will Rock You* のサビの部分です。大きな声で気持ちよさそうに歌っているので、家の中の私にまでその歌が聞こえました。

　「ウィーウェー、ウィーウェー、ロッキュウ！」

　私はハッとしました。歌詞は "We will, we will, rock you." ですから、will は「ウェー」じゃなくて「ウィー」だろう、と思いますよね。中学生なら確実にそう歌うでしょう。will は発音記号では [wɪl] となります。母音をよく見ると [i] ではありません。大文字の I を小さくした記号です。そしてこの [ɪ] は、「イ」と「エ」の間くらいの音で、どちらかというと「エ」寄りです。ただ、中学校でもこの音をそこまできちんと教えている先生は少ないはずです。「どっちでも大した違いはないからじゃないの？」と思う方もいらっしゃるでしょう。しかし、「[ɪ] を必ず『イ』と発音するので、日本人の英語は聞き取りにくい」とネイティブスピーカーは愚痴を言っています。たかが We will rock you. という短文でも、文字を見せてしまうとその綴りから「ローマ字で i はイと読むから will はウィル」と先入観が入ってしまい、発音がおかしくなってしまうのです。

　人間は誰でも生まれた時は同じ音の感覚を持っていると言われています。すべての赤ちゃんは [ɪ] と [i]（正確には伸ばした時にしか出てこないので [iː]）、[l] と [r] の違いもわかります。しかし、母語だけをシャワーのように浴び続ける中で、出合わない音は聞き取れないようになっていきます。日本語に囲まれた赤ちゃんは、1 年後には [l] と [r] の違いを気にしなくなるという報告があります。それでも、年齢が低ければ低いほど母語にはない音への感覚は残っています。だからこそ、we と will の「イ」が同じに聞こえる大人と、違って聞こえる小学生の差があるのでしょう。歌詞を見ずに音だけで聞き、「ウィーウェー」と聞き取れた小学生の音の感覚は素晴らしいのです。

しっかりと英語の音声に触れ、日本語との違いを認識させておくこと、そして後で文字を見た時に発音されない音やくっついて違う音になるものがあることに自然に気づかせていくこと（→こんなふうにやってみましょう！②）は、そんな素晴らしい音の感覚を持っている小学生のうちに絶対に必要です。

文字を早く見せてしまうデメリット

　学習指導要領では、「読む」「書く」の活動で扱う簡単な語句や基本的な表現について、「音声で十分に慣れ親し」んでおくことを求めています。したがって、文字の導入のタイミングについては、早ければよいというものではありません。

　文字を早く見せてしまう怖さを、例をあげて説明しましょう。Nice to meet you. に音声で慣れ親しんだ小学生は、正しい場面でそれを使おうとします。時には Nice meechoo.（ナイスミーチュー）のように発音している子もいますが、全く問題なく通じています。そんな子どもが中学校に入学し、文字に接した時、「えっ、Nice の後ろにも to があったの」などと言い出します。ここまでなら問題はありません。むしろ、大切な気づきです。中学生になってから新しい気づきがたくさんあるのはいいことですし、「中学校で文法をきちんと習ったことで、今までモヤモヤしていたことが納得できた」と中学校の勉強を楽しいと感じる中学生もいます。私自身、生徒から何度もそういう感想を聞いたことがあります。文法が先行していたかつての中学校英語のことを思うと、小学校英語が始まったおかげでずいぶん進歩しました。

　ところが、中には文字を見た瞬間から発音が崩れる生徒が出てきます。すべての単語をきちんと発音しようとするので、「ナイス　トゥー　ミートゥユー」と急に不自然な発音になるのです。強勢は２つのはずが４つになって、リズムもガタガタです。中学生になりたての頃はあんなに上手に発音できていたのに、と教えているこちらもびっくりするほどです。中学校には定期テストもあり、正しく書けないといけないというプレッシャーの中で、単語をきちんと覚えておかないといけない、という恐れからでしょうか。

　実は小学校の段階でも同じ危険性はあります。「もう十分音に慣れたので、

文字を見せよう」と思って文字を見せると、急に子どもたちの発音が崩れた経験はありませんか。音声への慣れ親しみが足りなかったということです。文字を出すのは怖い、と痛感する瞬間です。そこまで注意して聞いていなかった方は、初めて文字を見せる機会が訪れた時に、子どもたちの発音に注意深く耳を澄ませてみてください。ご自身が中学生の時に受けた英語の授業のイメージで、2、3回耳で聞かせただけで音に親しむ段階を終わらせ、すぐに"What color do you like?" "I like red." などのやり取りを文字で黒板に書いたりフラッシュカードを見せたりするなどして、リピート練習→暗記練習→文字を見ながらのペア練習という授業になっていないか、見直す必要があります。

中学校の経験から小学校英語に望むもの

　私は中学校教員だった時のくやしい経験が本書を書く強い動機となっています。

　文字を教える前に十分に音に触れさせたいと思っている中学校の先生はたくさんいます。実際、1年生の1学期は文字を使わず音だけで導入していた先生が少なからずいることも知っています。私自身、中学校教員だった時に何度もチャレンジしてみました。しかし、圧倒的に時間が足りないのです。英語特有の音に触れる時間を多少とったとしても、定着させるのは容易ではありません。教科書では、アルファベットの次は単語、そして文章へと進み、文法は be 動詞や一般動詞などと次々に出てきます。大文字・小文字の違い、4線上への書き方、単語と単語の間をあけて文を書く指導も、ていねいに教えている余裕はありません。b と d が逆になる生徒がいるとわかっていても、先へ進まざるを得ないというのが実情です。2学期にはまとまった文章を読んだり書いたりするところまでもっていかなければいけないので、一部の生徒以外は、皆「無理やりつづりを丸暗記する」ことになってしまうのです。その結果、英語特有の音の特徴を身につけられないだけでなく、「音と文字の関係」が全く理解できないまま、高校、大学へと進んでしまうことになります。英語コンプレックスの要因の1つは、英語特有の音が聞き取れない、発音できないことにあります。

私が実際に教えた、ある中学１年生の例を紹介しましょう。

　　もう２学期なのに、教科書が１行も読めないＡさんは、ある日、「ロー
　マ字表のように、英語の字とカタカナの読み方を一覧表にしてぼくにく
　ださい。そうしたら教科書が読めるようになるから」と頼みに来ました。
　英語は１つの文字がいくつかの音を持つ場合があることを説明しました
　が、Ａさんはきょとんとしています。何度もていねいに説明すると、よ
　うやく理解したＡさんは２、３歩よろけるようにあとずさりしたかと思
　うと（これはおおげさでも何でもなく）、黒板にどん、と当たり、「そん
　な…そんなことばがこの世にあるなんて…。じゃあぼく、読めるはずな
　い…」と力なくつぶやいたのです。

　知らなかったのは、Ａさんだけなのでしょうか。いいえ、きっと他にも同
じような生徒が多くいたに違いありません。私は愕然としました。ただ他の
生徒は、適当にカタカナの発音に置き換え、単語の綴りを丸暗記してなんと
かしてしまうテクニックを持っていただけなのでしょう。おそらく、われわ
れ大人たちの中にもそうしてきた方はいるはずです。音と文字の関係が身に
ついていないために、初見の英語の文字を音声化することが苦手な人が多く、
カタカナに置き換えて学んできたために、海外で日本人の発音が通じにくい
と言われてしまっています。そうした残念な思いをしていた私ですが、小学
校英語の導入で道が開けてきたと感じます。小学校英語に期待されている最
も大きなことの１つが、この「音と文字の指導」を抜本的に変えられる可能
性です。

実践！

こんなふうにやってみましょう！①
英語の音の感覚

英語の文字を見る前に

　低学年から中学年にかけての子どもたちは、英語の歌を歌ったり、**チャンツ**を大きな声で友だちと言い合ったりするのが大好きです。その時、最初から歌詞などを文字で表示するのではなく、黒板に絵を描いたり、あるいは理解の助けになるような絵カードを貼りつけたりしながら、聞く機会を何度も与えるようにします。外国語活動や外国語の指導がスタートしていない低学年であれば、休み時間や短時間学習のような形で何度も聞かせることが可能です。

> **ここキーワード！**
>
> **チャンツ**
> 　チャンツとはもともと、英文をジャズのリズムに乗せて練習する教材 *Jazz Chants* (Carolyn Graham, Oxford University Press, 1978)から来た用語です。これは英語を母語としない学習者のための、英語らしいリズムを体得するための教材で、子どもから大人までを対象としており、「自然な会話で使われるものと同じリズム」であることを条件として編集されています。チャンツついては「第3章　音節を意識させる」「第4章　リズム感覚を身につける」で、詳しく理論と実践を提示します。

「曜日の歌」ならこんなふうに

　曜日を導入する際、小学校でよく使われる歌に、こんな歌があります。

> ♪ Sunday, Monday, Tuesday, Wednesday, Thursday,
> 　Thursday, Friday, Saturday, Sunday comes again.

　この歌をどんなふうに指導したらいいのか、ベテラン先生の教室をのぞいてみましょう。ベテラン先生の指導手順やティーチャートークを参考にしていただけるはずです。

〈歌を聞く（第1回目）〉

T ：(黒板に漢字で「日月火水木金土」と板書する)
Let's listen to this song!
(CDをかけ、児童とともに聞く。耳に手をあてるなど、一生懸命音に注意を向けながら聞いている様子を見せる)

T ：What did you hear?
＊「どんな英語が聞こえた？　なんでもいいから言ってみて」と日本語で問いかけてもよいが、何度か英語で問いかけることで、何を求められているのかが児童にも理解できるようになる。

S1：Sunday!

T ：That's right. Very good.　Sunday!（大げさにほめながら漢字の「日」を示す）Sunday!（児童と一緒に）... Anything else?

S2：Friday?

T ：That's right.（同じく漢字の「金」を示しながら）Friday. Good job.（児童と一緒に）Friday.
＊その後、児童の発話を2, 3拾い、曜日の英語を言わせる活動を続ける。第2回目の聞き取りのために、全部の曜日は確認しなくてよい。

〈歌を聞く（第2回目）〉

T ：Let's listen again.　Are we ready?（耳に手をあてて一緒に聞く）
＊児童の実態により、歌詞に合わせて曜日の漢字を指しながら、教師が自ら自然に歌い始めてもよい。

T ：Now, tell me what you heard.（教師自ら挙手するジェスチャーをして見せる）
＊さらに聞き取れたことを発表する機会を与える

注）T＝教師、S1＝児童1、S2＝児童2

14

 **Notes**

　曜日の歌は歌いながら英語で曜日を学ぶといったねらいがありますが、ここでは音に集中させることも目的とします。文字を見せないで意味を伝えるために、板書や絵カードを使うとわかりやすくなります。このほか、下にあげたような歌も、文字を見せるのではなく適当な記号やイラストを使いながら同じような流れで指導ができます。中学年・高学年以降では、十分なインプットを行い、その後に文字を示すようにします。

**Weather Song / The Months of the Year /
Old MacDonald Had a Farm / Seven Steps / Hello Song**

＊同様の曲名でメロディーが違ったバージョンが複数存在するものもあります。
　いずれも小学生にふさわしいものですので、利用して差し支えありません。

こんなふうにやってみましょう！②
日本語との違い

「日本語との違いは？」と考える機会を自然に与える

　高学年になり、今まで十分に英語の音声に触れ、文字を目にするレディネス（学ぶための準備ができている状態）が育った子どもたちを対象として、「日本語」「英語」の違いに短時間で気づかせる活動も考えられます。さて、ベテラン先生はどんなことをしているでしょうか。ここで、実際にやってみて効果的だった2つの例をご紹介します。

〈外来語（カタカナ語）をこんなふうに〉

①外来語（カタカナ語）になっている英語の単語をあらかじめカードで準備するか、あるいは黒板に書いておきます。

　以下に、英語で書くと単語の最初に2つの子音が続く単語の例をあげます。

> トラック (truck)、ブラック (black)、フレンド (friend)、スキップ (skip)
> クロック (clock)、クリーン (clean)、スポーツ (sport)、グリーン (green)
> など。

②教師が、truck と書かれたカードを示しながら日本語で「トラック」と発音してみせます。児童は教師が何を始めたのかを理解しようとじっと聞いてくれるでしょう。そこで教師は

T ： In Japanese, トラック. (再び単語の部分はしっかり日本語で言ってみせます)

T ： In English? (と、語尾を上げて質問します)

③ほとんどの児童はここで教師の意図を理解し、自分が今まで耳にした英語らしい音をまねるように "truck" と言い始めます。

④続けて、教師はほかの単語についても、リズムをつけながら、次々と日本語発音で言い、児童に英語を言わせます。

T ： In Japanese, ブラック. In English?

Ss ： Black.

注) Ss ＝児童ら

〈子どもの遊びを使って〉

T ：みなさん、じゃんけんで勝った人が、それぞれの音の数だけ進める遊びを
　　知っていますか？　例えば、チョキで勝つと「チョコレート」、パーで勝
　　つと「パイナップル」。

Ss：知ってる！

T ：How many steps can you go forward?（何歩進めるのかな？）
　　「チョコレート」（日本語の言い方でみんなで手を叩かせながら）
　　How many?

Ss：チ・ヨ・コ・レ・イ・ト。　Six!
　　 ＊チョコレートの場合、5とも考えられるがこの場合、ゲームとして一歩
　　　でも多いことを求めるため児童は6とカウントする場合が多い。

T ：Right.　How about パイナップル？

Ss：パ・イ・ナ・ツ・プ・ル。Six.

T ：Let's try this in English.　Can you say "chocolate"?
　　（英語の発音で言わせてみて手を叩くように促す）

Ss：Chocolate.（手を3回叩きながら）

S1：あれ、少ない。

T ：How about "pineapple"?

Ss：Pineapple.（手を2回叩きながら）

S2：え～っ、先生、英語では2歩しか進めないの？　おもしろくないなあ。

Notes

　小学校でよく活用されている教材で、「バナナじゃなくて？」という呼びかけに
対して、「Banana」と児童が強調する場所も考え、英語らしい発音で答える構成と
なっているものがあります（『バナナじゃなくて banana チャンツ』mpi）。ここで
は、カタカナ語とその元になっている英語の発音の違いに気づかせる活動が多く収
録されています。低学年から高学年まで、短時間ででき、子どもたちが大好きな活
動です。同じ活動を r のついた母音ですることもできるでしょう（bird, pork, girl,
park, fork など）。

すでにたくさんの英語の音声に触れている子どもたちは、こちらが驚くほど正しい英語の発音に変えて言うことができるでしょう。学年が上がったら、文字を示しながら、日本語と英語の違いを説明してあげてもいいでしょう。

第②章 音韻認識を高める

「先生、最近、音韻認識ということばをよく聞くんですが、英語が専門じゃない小学校の教員には意味不明です。なんだか難しそうですが…。」

「ことば自体は難しそうですが、その概念はいったん理解してみるとそれほど難しいことではありません。」

「本当ですか。じゃあ、わたしたちにもわかるようにかみ砕いて説明してください。」

「わかりました。実は、小学校の先生ほど、こういう指導は得意なので、わかれば安心すると思います。」

キーワードゲームを応用する

　キーワードゲームはごぞんじの先生方も多いと思います。「こんなふうにやってみましょう！③」で詳述しますが、このゲームは、やり方次第で、単なる単語の確認にとどまらず、もっと深みのあるゲームにすることができます。例えば、pen がキーワードで、先生が book, cat, desk ...など関連のない音を発音し続けるのであれば、子どもたちは [pe] という音を待ちながら聞くので、音の練習にはなりません。pink, pot, pen など p で始まる単語を多用して聞かせれば、p の後ろに続く母音に意識を向けさせており、結果として p の**音素**に意識を向けさせているので、音の練習という意味が出てきます。あるいは、Ken, ten, pen などと最初の音だけを変えて同じ母音と子音を持つ単語を聞かせれば、これも最初の k や p を母音と切り離してとらえられる音素の感覚が育ちます。ある先生は、[p][p] ...と音素だけをしばらく発音して、じ

らせてから pot などと単語を言うことで、子どもたちがドキドキしつつ音素に気づく、といった具合に小学校の先生らしく子どもに寄り添った、実に上手な指導をしておられます。

　語頭あるいは語尾だけが同じ音の仲間を見つける力は、韻を踏んでいることに気づく力です。日本語では、しりとりがその練習に当たるのですが、英語では「ペ」ではなく [p] と [e] の音素に分ける感覚が必要となります。この「感覚」を英語の**音韻認識**というのですが、そのような用語を知らなくても無意識に指導されている先生の実践で参考になるものはたくさんあります。（→こんなふうにやってみましょう！③）。

> **ここキーワード！**
>
> **音素・音韻認識**
> 　言語における音を分解したときの最小の単位を音素と言います。上の例のpenは[p][e][n]、bookは[b][u][k]といったように、それぞれ３つの音素から成り立つ単語です。それらは実際にはひとかたまりの音として聞こえますが、いくつかの音素がくっついている集合体である、と意識することを音韻認識と言います。

音を模倣するのは子どもの本能

　子どもはキーワードゲームをする時、多くの場合自分でも口で真似をしながら音声化します。これは子どもが模倣しながらことばを覚える素晴らしい本能を持っているからです。ただ、そのおかげでリピートしてはいけないタイミングで先生の声を真似する子どもがいてうるさくなったり、「先生の声が聞こえないから黙っててよ！」と子ども同士で喧嘩になったりして、困ることがあります。「キーワードを先生が言う時には、みんなは声を出しちゃダメ」と一律に禁止するのでは、せっかくの本能が封じられてしまうデメリットもあるので、「真似をするのはとてもいいことです」としっかりほめて、「ただし今は心の中で言ってね」や「ヒソヒソ声で言ってね」とつけ加えましょう。心の中で、あるいは自分だけに聞こえる程度のつぶやき声で言うのは「サブボーカライゼーション」といって、大きな声を出して言うのと同じくらい、ことばの習得に大切な反応なのです。

　子どもたちは自分の体（口や喉の筋肉）でなぞることを通し、例えば bat

と bad のような 1 か所だけ音素が違うペアの単語を発音する時、口の形は同じで声を出すか出さないかの違いだけだということに、無意識のうちに気づいていきます。

子どもの音の感覚は大人より優れている

　ある小学校の先生からこんな失敗談を聞いたことがあります。その先生は、アルファベットジングルをした後、cat、apple など [æ] の音を含む単語の練習をしたそうです。するとある子どもが、「cat の a と apple の a が違う。どっちが正しいの？」と質問しました。先生は cat をカタカナの「キャット」のように発音していたので、「a は小さいヤの音と同じなの？」とその子どもは思ったというのです。先生はあわてて「私が『キャット』と日本語のような発音をしてしまったせいだね」と訂正し、もう一度正しい発音で cat と apple を発音して、どちらの a も同じ音であることをその子どもと一緒に確認したそうです。「小学生はとても耳がいいので、教師がいい加減な発音をしていたら矛盾を見つけてしまうんですね。焦りました」と言っておられました。こんな話を聞くと、英語の発音に自信のない先生は「自分には教えられない」と思われたかもしれませんが、「音の感覚が一番優れているのは小学生」だということを思い出してください。そんな小学生を満足させられる発音ができるのはネイティブスピーカーだけだという開き直りも必要です。「すごいね、よく気づいたね」「先生も気をつけるね」とほめてあげればいいのです。そんな素晴らしい小学生の耳を信じて、文字を介さずに、そして自分の発音だけでなく様々な音源を多用し、英語特有の音に親しませていきたいものです（→こんなふうにやってみましょう！④）。

　余談ですが、以前、英語に自信のある中学校教員が、自分の発音ミスを認めず「これで合ってる！」と怒ったので生徒がやる気をなくし、英語を嫌いになっていく姿を見たことがあります。その一方で、教育実習生が私のクラスで授業をした時、参観に来られた大学の先生は立派でした。授業後、実習生の英語のミスを指摘されたのですが、後で調べ直したら実習生の使った表現も辞書に載っていたということを、翌日私と実習生のところに来て、謝ら

れたのです。「自分の勉強にもなり、感謝します」という一言を添えて。過ち
を認めて一緒に学んでいく姿勢を持つ先生こそが、外国語を教えるのに一番
向いていると、私は思います。

マザーグースで音韻認識を育てる

　先ほど、韻を踏んでいることに気づく力と言いましたが、韻の宝庫といえ
ばマザーグースです。英語圏で昔から子どもたちが親しんできた遊び歌や
詩、童謡を集めたものです。「きらきら星」「ロンドン橋」など有名なものから、
小学校英語でよく出てくるチャンツや早口ことばも、もともとはマザーグー
スに収録されていたものであることが多いです。
　「じゃんけん」と同じで、地域によって表現が少し違うものもあります。私
はよく授業でマザーグースに出てくる数え歌を使っていたのですが、一緒に
授業をしてきたALTたちは、出身国によってその歌詞が少しずつ違っていま
した。しかし、韻を踏むことだけはどの歌詞でも必ず守っていたのがおもし
ろかったのを覚えています。そうです。マザーグースに収められているもの
はほとんどがとてもきれいに韻を踏んでいます。
　「きらきら星」を見てみましょう。

Twinkle, twinkle, little st<u>ar</u>
How I wonder what you <u>are</u>
Up above the world so hi<u>gh</u>
Like a diamond in the sk<u>y</u>

どうですか。最後の母音がそろっていますね。これが脚韻（ライム）です。

<u>P</u>eter <u>P</u>iper <u>p</u>icked a <u>p</u>eck of <u>p</u>ickled <u>p</u>eppers.

　こちらは最初の音素がそろっていてます。これを頭韻といいます。こうい
うパターンはマザーグースにはそれほど多くはありません。

さて、「きらきら星」を音読してみてください。メロディーがなくてもリズムがきれいにそろっていて、しかもそのリズムがよけいに脚韻を際立たせていると思いませんか。マザーグースに収められている詩は多くが自然な、そして魅力的なリズムで書かれています。英語圏の子どもたちは、英語のリズムや音素の感覚を、教え込まれるのではなく、「きれいな響きだな」「口に出して言うと気持ちがいいな」という心身の反応で体得していきます。（→こんなふうにやってみましょう！⑤）

　リズミカルで声に出すと気持ちがいいと言えば、日本語では五七五や三三七拍子などがそれに当たります。日本語でも子ども向けの歌やお話の中には、「むかし　むかし　うらしまは　たすけたかめに　つれられて…」（三、三、五、七、五）のようなリズムを持つものが多く残っています。「日本の伝承文学は、リズムや形を変えずにそのまま子どもたちに伝えることに意味がある」と主張している国語教育の研究者がいるのは興味深いことです。小学校の国語の教科書には俳句や短歌はもちろんのこと、「おむすびころりんすっとんとん」のように韻を踏んでいる表現が載っていて、子どもたちはそれらを同じリズムで声を合わせて朗読し、ことばの世界に浸ります。そんな姿を見ていると、子どもがことばを覚えるための題材は、どの言語でも共通点があることに気づかされます。そして知らない音に出合うのが大好きな子どもたちは、英語の音に対しても好奇心いっぱいで向き合ってくれます。いろいろな詩や歌を題材にして指導してきた経験から、子どもたちが夢中になる題材は、やはりマザーグースのような本物の題材である、と確信するようになりました。教材として日本で作られたチャンツや歌にも優れたものはありますが、時代を超えて英語圏の子どもに愛されてきたナーサリーライム（童謡）は、これからも小学校でぜひ活用していきたいものです。（「本物の題材」とは、ここでは、教材としてつくられたものではなく、絵本やナーサリーライムをはじめとして、新聞やちらし、レストランのメニューなど実際の場面で使われているもののことを指しています。本物の題材を与えることの意義については、「特別講座　本物の題材は子どもの心を動かす」(pp. 67-77) に詳述)

こんなふうにやってみましょう！③

音韻認識

実践！

キーワードゲームを「音韻認識」の活動にする方法

　キーワードゲームは、小学校の教室ではたいへん人気のあるゲームです。対象が小学生でなくても、中高生から成人まで盛り上がる活動です。それは、音に対しての反応と体を（手を）動かす速さを競うことで、誰もが楽しく取り組めるからかも知れません。ごぞんじない方のために一般的な流れをご紹介しましょう。

---

①隣同士のペアまたは3人1組のグループになり、間に消しゴムまたはおはじきを置く。

②あらかじめ1つの単語（キーワード）を決めておき、全員で確認する。

③指導者は、いくつかの単語を一語ずつ一定の間隔で言っていく。児童は後について繰り返す。(T：Cat. Ss: Cat.　T：Dog. Ss: Dog. ...)

④キーワードが言われた時は、児童は繰り返さず、間にある消しゴム（おはじき）を取り、そのスピードを競う。

＊フライングしないように頭の上で手を組ませたり、繰り返すことばを「単語」から、順に「文」にしたりといったバリエーションも可能。

　キーワードゲームのやり方をおさらいしたところで、月の名前を使ったキーワードゲームの例を紹介します。音韻認識を育てるために、ちょっとした工夫があることに気づいてください。準備物は、12の月の名前の歌（音源）と、それぞれの絵カードです。

　先生と子どものやり取りはこのような感じになります。

24

〈12 の月の英語での言い方のおさらい〉

T ：(児童と一緒に月の名前の歌をアカペラでゆっくり歌いながらカードを
　　黒板に貼っていく。続いて、月名を1つ1つ確認していく)
T ：Please repeat after me. January.
Ss：January. (以下、一通り教師の後について月名を言う練習)

〈12 の月のキーワードゲーム〉

T ：Let's start "The Keyword Game"! Today's keyword is
　　"June". (6月のカードを示しながら) OK? If I say "June", don't
　　repeat after me. (口を閉じるジェスチャー) Snatch the eraser.
　　(消しゴムを取る動作を示す) OK? Are you ready? Let's start.
　　(教師が May などいくつかキーワード以外の月の名前を言い、児童が
　　リピートした後に)
T ：J, J, J … July.
S 1: わあ、June だと思っ
　　て消しゴム取っちゃっ
　　た！

 Notes

　キーワードと同じ初頭音（単語を発音するときの最初の音）の単語を複数選び
(January, June, July または March, May)、先生が言う時にはその音を意識しな
がらゆっくり言うようにします。キーワードゲームを行う際には、必ずこのような
「ひっかけ」単語を選ぶようにすると、児童が意識的に最初の音を聞き取ろうとする
ようになります。

無声音・有声音を聞き分ける活動

　同じゲームを使った上級編です。**無声音・有声音**のペアになる単語を意図的に聞き分けさせる方法です。

　例えば、pとbで始まる単語の聞き分けを考えてみましょう。「パ行とバ行の違いを聞き分けるだけ？　簡単ですね」と思った方もおられるかも知れません。カタカナ発音で「ペン」「バッグ」と発音していたら確かにそうでしょう。しかし、先生ご自身で、pの音とbの音に注意して発音してみてください。どちらも同じ口の形をしていることに気づきますね。pは無声音、bは有声音という違いがあるだけで、口の形は同じというペアなのです。聞き分けはそれほど簡単ではありません。

　同じように、t（無声音）とd（有声音）、c（発音記号で言えば [k] で無声音）とg（発音記号で言えば [g] で有声音）もペアです。キーワードに使える単語の例を以下にまとめました。

	無声音	有声音
[p][b]	pen　pencil　pet piano　pig	bag　bat　bed　big book　boy
[t][d]	table　ten　tennis ticket　top	desk　dinner　dinosaur dog　donut
[k][g]	cat　come　corn cow　cut	go　goat　good　guide

有声音の仲間に1つだけ無声音の単語を入れたり、その逆をしたりして、仲間外れを探す活動をしてみます。

〈活動例①：違う音探し〉

T ：Listen carefully. I say the words starting with "P". (黒板にPのカードを貼るか、書く) Please repeat after me. If you hear a word starting with a different sound, snatch the eraser. Are you ready?

T ：Pen. (児童は繰り返す) Pencil. (児童は繰り返す) Pet. (児童は繰り返す) Bed. (児童は消しゴムを取る)

〈活動例②：目標の音探し〉

T ：Listen carefully. I'll say the words. Please repeat after me. If it starts with "P", (黒板にPのカードを貼るか、書く) snatch the eraser. Are you ready?

T ：Ten. (児童は繰り返す) Cat. (児童は繰り返す) Go. (児童は繰り返す) Pen. (児童は消しゴムを取る)

ここキーワード！

無声音・有声音
　私たちはことばを発する時、息を吐いて音を出します。その際、声帯が振動しない音が無声音であり、振動する音が有声音です。音を出すときに喉に手を当てて、振動があるかどうかで区別ができます。母音は有声音です。子音ではp. 26の表にあげたもののほかに、[f], [h], [s]などが無声音、[dʒ], [m], [n], [l], [r], [w], [j], [v], [z]などが有声音です。

こんなふうにやってみましょう！④

英語特有の音

音源教材としてのアルファベットジングル

　巷には、音源教材としてアルファベットジングルというものがたくさん出回っています。英語の単語をＡからＺに初頭音の順番に並べたものの総称をアルファベットジングルと呼ぶことが多いようです。

CROWN Jr. 5 Let's Chant

　アルファベットジングルにはいろいろなパターンやメロディー、リズムがあります。ここでは代表的な２つのパターンを、アルファベットａ〜ｚのうち、ｂ（もちろんＢと表記しても同じです）を例にあげて紹介します。

〈パターン①〉

> b[biː] / b[b], b[b] / bear [béər]

　発音記号で書きましたが、イメージが浮かびやすいようにカタカナで書くと、次のようになります。

> 「ビィ（名称読み）/ ブ、ブ（音読み）/ ベアー（単語）」

　もちろん「ブ」とカタカナ発音で読んでしまうと正しい音ではなくなってしまいますから、気をつけてください。これはあくまでイメージです。

　この「名称読み・音読み2回・単語」の順番からできたジングルが文部科学省の移行期教材にもあったことから、このパターン①が、もっとも一般的に使われているようです。ただこのジングルは名称読みと音読みを同時に行うことから、子どもたちには負荷が大きいのではと、小学校英語の専門家の間では心配されることもあるようです。しかし、後で紹介する手順で進めると、最終的に（単語をなしにして）名称読み→音読みにつなげられるというメリットもあります。

〈パターン②〉

bear [béər] ／ b[b], b[b], b[b]

　これは英語を母語とする子どもたちの間でよく使われているパターンで、「ベアー／ブ、ブ、ブ」のようなイメージで、先に単語を言って、その単語の初頭音を分析しながら言わせるものです。名称読み（「ビー」）がないので音読みだけに注目でき、単語を聞いて分析的に初頭音を考える力が育ちます。

　単語から音の分析を行いながら初頭音を考えるというパターン②のアプローチは、日本の子どもにとっては少しハードルが高いと思われれます。なぜなら、英語を母語とする子どもたちにとってはなじみのある単語でも、日本の子どもは知らないものがたくさんあり、そのことばの意味の方に意識が向いてしまいがちだからです。

気づきを促す音源としてのアルファベットジングル活用

　アルファベットジングルの小学校英語における活用には主に2つの方法があります。

　まず1つは、同じカテゴリーの26の単語を集めることで、色々な単語を知るようになるという活用法です。カテゴリーは、食べ物、動物、国の名前、スポーツ名、職業名などその種類は多岐に渡ります。26の単語をまとめて知るのは子どもたちにとってはチャレンジングですが、ことばのネットワークを使っ

ての単語指導は語彙を増やすことに役立つでしょう。そうして知った単語を使ってのスリーヒントクイズに活用することなどもできます。英語圏の幼稚園や小学校では、教室の壁に絵カードがアルファベット順に並べてあったり、ポスターが掲示されていたりする場面もよく見ます。

　2つ目は、文字とその文字で始まる英語の単語をセットにすることで、子どもたちに音と文字の関係への気づきを促すための活用方法です。

　アルファベットジングルを児童が大きな声で一斉に唱えているシーンはよく目にし、その多くの場合1つ目の活用方法であることが多いようです。しかし、2つ目の活用方法の指導が少ないようですので、これから、その両方の活用方法を取り入れた指導例をご紹介したいと思います。

アルファベットジングルを使った指導例

　この活動は、学年を問わず取り組めます。アルファベットジングルの音源とイラスト（絵カード、ポスター、ICT教材のイラストなど）を準備しましょう。短時間学習の時間または授業内で帯活動として扱うのに適しています。

〈Step 1：アルファベットジングルの導入〉

まず教師が行う導入です。

T ：Listen to this. / Watch this.（アルファベットジングルを一通り聞かせる）

T ：What did you hear? B[biː], b[b], b[b] …?（イラストを指さす）

S1：Bear!

T ：Yes, bear! Great!（いくつか聞こえた単語をあげさせて、言えたらおおいにほめる）

Step 1 では、音とともにたくさんのイラストでその英語の意味を知り、英語ではどう言うかということを知る楽しみを子どもたちに与えるようにします。アルファベットジングルを聞かせる場合、デジタル教材があれば画面も見せながら聞かせ、音源しかない場合は絵カードやポスターを使うとよいでしょう。

〈Step 2：初頭音と単語に意識を向ける〉

①全体指導、グループ、ペアと形態を変化させていく。

T ：This time, you say the keyword part.　Apple, bear, cat, …
　　OK?
　　（聞きながら、単語の部分だけを一緒に言わせる）

T ：This time, you say "a[eɪ], a[æ], a[æ],… b[biː], b[b], b[b], …
　　OK?（聞きながら名称読みと音読みの部分だけを一緒に言わせる）

②クラスを半分のグループに分ける。

T ：Make two groups.（クラスを半分に分けて）You are Group A.
　　（残りの半分に向かって）You are Group B.
　　This time, Group A says "a[eɪ], a[æ], a[æ]…, b[biː], b[b],
　　b[b], …"OK?
　　Group B says "apple, bear…"　Are you ready?　Let's start.

③ペア活動にする。

T ：Make pairs and do "Rock, scissors, paper".（グー、チョキ、
　　パーの手の動きをする）The winner says "a[eɪ], a[æ], a[æ], …
　　b[biː], b[b], b[b], …"　OK?
　　And your partner says "apple, bear, …"　Are you ready?
　　Let's start.

Notes

　もともと日本語にはない子音を、音素だけを音声化することは、教師にも子ども
たちにも難しいと思われます。特に無声音と呼ばれる子音の場合は、ほとんどの子
どもたちが母音をつけて発音しがちです。例えば、p[piː] / p[p] / p[p] / pig[pig]
を「ピィー・ピッ・ピッ・ピッグ」という風に。その時に教師が意識的に止め、すぐ
ぐに修正する代わりに、さりげなく「ピッ、ピッ？」と確認することで、子どもた
ちが自ら気がついて [p][p] と修正することができます。f, h, k, q, s, t などが表す
子音も同様に、子どもたちの発音に教師が注意深く耳を傾けるようにするといいで
しょう。

〈Step 3：音から文字へ　文字から音へ〉

　いよいよ大切な段階に入ります。ここまで進めて初めて、「音と文字の関係
に気づかせる」というアルファベットジングルの 2 つ目の活用にたどり着けた
ことになります。

T ：（黒板にあらかじめ小文字のカードを貼るか、板書しておく）

　　Do you remember? What letter does "dog" start with?

　　（と問いかけることで、d[d] という音や d[diː]（ディー）という名称読み
　　の違いを考えさせる）

S 1：**d の読み方は「ディー」だと思ってたけど、dog の d は、違うね。**

T ：**That's right. It starts with the letter "d", and the sound is
　　[d],[d].**（黒板の小文字を指しながら）

　　Can you say the keywords together?

　　（小文字を順に指しながら「名称読み・音読み 2 回・単語」の順にみんな
　　で言う）

もう一歩進めたチャレンジングな活動にすることも可能です。

〈Step 4：名称読みと音読み〉

T ：This time, don't say the keyword, OK? Say "b[biː], b[b],
b[b]", then stop.（口を押さえるジェスチャーを示しながら）
Are you ready? Let's start!
（教師は文字をリズミカルに指し示すのみで、児童だけで名称読みと音読
みを順に言っていく）

 Notes

　上記のような活動の流れを子どもの実態に合わせて行うとよいでしょう。音と文
字の気づきは指導の中で一番個人差が出る場面です。先生は決して教え込んだり、
余分なプレッシャーを与えたりしないことが大切です。そのために、気づきまで到
達できそうにない子どもが多いなと感じた時は無理はせず、時には、別のセット（動
物、食べ物、国名など）を導入し、語彙を増やすことだけに活動をシフトするのも
いいでしょう。

第③章 音節を意識させる

「音の指導で、音韻認識のほかに意識しておいた方がいいことは ありますか？」

「音節を理解することですね。」

「お…おんせつ？」

「うーん、これもまた用語が難しく聞こえるかもしれませんが、 説明を聞いたら、すぐにその概念を理解できます。子どもにとっ ても、音韻認識ができるようになっているのであれば、音節の理 解はびっくりするくらい簡単なことです。これから、その概念と 子どもたちへの指導の仕方を説明していきます。」

日本語はほとんどの音に母音をつける珍しい言語

　音の指導で大切にしたいことは、一番に音韻認識を育てること、そして次に、 1つの文字がいくつかの音を持っていることがあることを認識させることと、 **「音節」** を意識させることです。特に私は、中学生に「音節」を教えようとし て本当に苦労してきました。例えば、次のような早口ことばを練習した時の ことです。

Woodchuck could chuck wood.

　この文は5音節で、大きい●の3か所を強く読むことでリズムが生まれます。 ところが実際に読ませてみると「ウッドチャック、クッド、チャック、ウッド」

と単語の最後に母音を入れる生徒が多いのです。語尾に母音を入れると下のように、一気に倍の 10 音節になってしまいます。

ウッド　チャック、クッド、チャック、ウッド
● ● 　 ● ● 　 ● ● 　 ● ● 　 ● ●

　しかたがないので単語の最後の音素は発音せず「ウッ　チャッ、クッチャッ、ウッ」と何度も練習させて、ようやくほとんどの生徒が 5 音節で言えるようになりましたが…。中学生になるまでどっぷり日本語に漬かってきた生徒には、日本語の音節（「ん」以外のすべての音に母音をつける）の感覚が定着してしまっているのです。

ここキーワード！

音節
　音節とは、ある音を中心に複数の音で構成された音のまとまりの最小単位のことを言います。日本語の音節は、ka（カ）や　to（ト）などのように子音+母音で構成され母音で終わることがほとんどです。しかし、英語の場合、複数の子音で構成された音節や、子音で終わる音節も少なくありません。このことを、子どもに気づかせておくことが大切と考えます。

　幼児は日本語の音節感覚がまだ定着していないので、逆に母音をつけずに日本語の音を発音する子が時々います。例えば「くすり」と発音する時、「く」を [k] と発音して、[ksuri] のような発音になるといったようなことです。ある小学校の先生に聞いたのですが、小学校に入学してきたばかりの 1 年生にもそういう日本語発音をする子が時々いて、それが直るのは国語の授業を通してだそうです。小学 1 年生で 50 音のひらがな学習をすることで、子どもは「日本語はほとんどの音に母音がつく」ことを体系的に知り、[kusuri] という発音に修正されていくようです。つまり、小学生はそれだけ音に対してまだニュートラルで、音に対して柔軟であることがわかります。
　実際のところ、外来語がたくさん入ってきた日本語は、50 音だけで表記することがすでに不可能になってきています。パフュームやヴィトンなど 50 音の表にはない表記も当たり前のように使われています。また最近は子どもだ

けではなく若い人が「ディズニー」の「ズ」を [zu] ではなく [z] と発音して
いることも指摘されています。しかし元の発音に近いのであれば問題ないの
で、これも今後定着していくことでしょう。

音節の感覚を育てる指導

　私が参加している研究チームの先生たちと一緒に、小学５年生を対象に単
語の音の数を数えさせる実践をしたことがあります。「Dog の音はいくつ?」
と聞くと、初めは「ドッグだから３つ」と答える子もいます。そこで「よー
く聞いてね。ドッグは日本語だよね。手を叩いて数えるよ」と言ってから、
次のように日本語で言いながら３回手を叩きました。

ド　　ッ　　グ

●　　●　　●

「本当だ、３つだね。じゃあ、今度は英語で言うよ」と言って、手を叩きな
がら発音しました。

dog

●

　子どもたちが一斉に「あっ、１つだ!」と言ったので、「そう。英語は日本
語と音の数え方が全然違うんですよ」というように指導を進めていきました。
すると３回目の授業で、strawberry や basketball のような難しい単語でも必
死に耳を澄まして聞き、数を言い当てられる子がたくさん出てきました。ち
なみにみなさんはわかりますか。どちらも３音節です。横で見ていた担任の
先生が、「きみら何でわかるんだ?　僕はわからなかった」と驚いていました。

ストレス（強勢）感覚を育てる指導

　さて、この研究チームでは、１年後にまた同じ小学生（今度は６年生になっ
ています）を対象に、何番目の音が強いかを見つけさせる実践をしました。
今度は３音節の語だけを初めから選んでおき、３つのうち何番目に**ストレス**
があるかを探すという活動です。

　楽器のピクチャーカードを見せて、前年やったように手を叩いて音の数を数えるところから始めました。

　　　　pi-an-o　　　　vi-o-lin　　　tri-an-gle
　　　　● ● ●　　　　● ● ●　　　 ●　 ●　 ●

「どれも音は３つだね」と子どもたちは音節の数をすぐに当てました。「すごいね。じゃあ３つのうち、一番はっきりと強く言うところは何番目の音かな？」と聞くと、こちらは意外なほど手間取りました。正解はもちろん下のように、大きい●がある場所、つまり、piano は２番目，violin は３番目，triangle は１番目です。

　　　　pi-an-o　　　　vi-o-lin　　　tri-an-gle
　　　　● ●●　　　　●● ●　　　 ●　　● ●

　よく聞いていると、ほとんどの子どもは正しい位置にストレスを置いて発音できています。それなのに選ぶ数字が違っていたりするのです。とても不思議でした。以前大学入試にストレス問題や発音問題が出題されていた頃（つい最近のことですが）、私も中学校の定期試験にストレス問題をよく出題していました。全部×になった生徒がいて、これは個人指導しなければと呼び出してその問題を音読させたところ、何とすべて正確なストレスで発音できているのです。「今 piano の a のところを強く読んでいたよね。だから答えは２番でしょ？」と言うと「今 pi を強く読んだような気がします…」と言うのです。もしかしたら「英語で強く読む」というニュアンスがピンとこないのかも知

れません。そうだとすれば、ストレスの位置を選ばせるペーパーテストには何の意味もないことになります。それどころかストレス指導自体、意味がないことになります。「聞こえたように真似しなさい」というだけでは、真似できる子だけが習得できるあやふやなものになってしまいます。これは衝撃的な事実です。

　早速、音声学者を含む研究チームで討議しました。先ほど紹介した中学生は、「pi を強く読んだ気がします」といいながら a にストレスを置いて piano を発音していました。しかし考えてみると、a の音より pi の破裂音の方が、唇や口蓋の動きが大きく強い筋肉運動が必要です。感覚的には、pi の時が一番強く運動したような気がしても当然です。それに、日本語には基本的にストレスがなくすべての音をほぼ同じ強さで発音するので、ストレス感覚もついていません。例えば「ピアノ」と日本語で言う時、「ピ」と「ア」と「ノ」は同じくらいの強さです。そもそも「強く読む」というあいまいな表現もくせもので、先ほどの中学生が勘違いしたのも、イメージが人によって違うからです。また声をとりあえず大きくすることだと思っている中学生の中には、ストレスを意識しすぎてかえって不自然な発音になっている生徒も少なくありません。「声の大きさ」もストレスの一要素ではありますが、それだけではないのです。

　英語のストレスの要素は次の３つです。

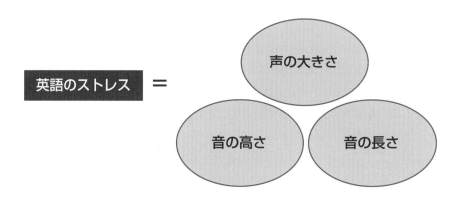

ストレスのある音節ではこの3つすべてを他の音より際立たせて発音します。piano であれば、a だけを大きな声で、高い音で、そして大げさに長く伸ばして、言ってみてください。どうでしょう。自然な発音になったと感じられるのではないでしょうか。説明を聞くよりとにかく実際やってみると、あっけないほど簡単に理解できるものです。

　研究チームの方針が決まりました。「小学生という早い時期にストレス感覚をつけておくべき」「そのためには、特徴を明示的に教える」ということです。そのために次のような実践をしました。子どもたちに音声を聞かせながらストレスのない音節はグー、ある音節はパーのしぐさを一緒にやりました。

pi-an-o　　　　vi-o-lin　　　　tri-an-gle

● ●●　　　　●●●　　　　● ● ●

グーパーグー　　　グーグーパー　　　パーグーグー

「パーの時は何が違った？」と子どもたちに聞くと、口々に考えを言ってくれました。「声が大きい」「あと、音が高くなってる」…いい感じです。どうしてもあと一つが出てこないので、「まだあるよ。よーく聞いてね」と繰り返し音声を聞かせると、「あっ、わかった！　そこだけ音が長ーく伸びてるよ」の発言がようやく出ました。日本語では母音を長くして強調することをしないので一番気づきにくい「長さ」ですが、そこにもようやく気づくことができました。最終的には子どもたちは自分の力で「長く、高く、大きく」の3つすべてに気づくことができ、すごいなあと思いました。もちろんストレスという用語は使っていません。しかし、一度でもこの3要素を意識しておくと、その後大きく差が出てくることは間違いありません。単語の発音練習をする時に、先生がストレスの位置でちょっと手を高く上げるようなしぐさをしてみてください。「あ、この音は高くするんだ」と伝わるはずです。そもそも「高くする音がある」ことさえ中学校で習う機会がなかったことを考えると、それだけでもどれほど大きな進歩であるか想像がつきます。

　ある小学校の先生は、seventy と seventeen の区別ができなくて、言う時

も聞き取る時も混乱する子どもたちの姿を日頃から気にしていました。（→こんなふうにやってみましょう！⑥）これは中学校の先生も大きくうなずくところでしょう。これには理由があります。ネイティブスピーカーは「ストレスが意味を決める」という感覚なので、ストレスが最初の音節なら70、3番目の音節ならなら17と聞き分けています。

ところが日本語にはストレスで意味を聞き分けるという習慣がないため、日本の小中学生は「セブンティー」の後に「ン」がついているかどうかで70と17を区別しようとします。しかし、-teen の n[n] にはストレスがなく限りなく弱く発音される箇所なのに、それがあるかないかを聞き分けるのは、ネイティブスピーカーでも難しい話です。この先生は授業中、70と17を相変わらず聞き分けられない子どもたちを見て、とっさに「ストレスが鍵だ」と思い、思わずグーパーのしぐさをしたそうです。そうしたら、子どもたちが急に聞き分けられるようになったのです。また、子どもが自ら発音する時もグーパーをしながら言うので、自然とストレスが強調され、相手に伝わりやすい発音になったそうです。「ストレスはそんなに大事じゃないと思ってあまり指導していませんでしたが、いざという時に手のひらの動きひとつで瞬時に納得させられる。すごいですね」と先生はおっしゃっていました。

17と70の例がわかりやすいので、その聞き分けをいろいろなジェスチャーで教える実践もよく行われているようです。ここで注意しておきたいのは、「17と70」だけが特別なわけではなく、2音節以上でできているすべての単語にストレスが来る音節があることです。そして、それらに自然に慣れさせていかなければ意味がありません。そのため、実際の指導においては、ストレスをとりわけ意識させたい単語が出てきたら、活動の合間でさりげなくグーパーのしぐさをする程度でよいと考えます。

伝わりやすさの決め手は「発音」よりも「拍」

　「音節」を認識する力は、外国語の勉強ではとても大切です。以前同僚だった日本語の教員に聞いたのですが、外国の人が日本語を習う時には、逆に日本語の「拍」の感覚を身につけることに苦労するようです。特に促音の「っ」を1拍としてカウントするのがとても難しいのだとか。そもそも促音というもの自体、日本語以外には存在しないのでなかなか発音できるようにならないそうです。そう言われると、外国の方はよく「びくりしました」のように、小さい「っ」を飛ばした日本語を話しています。そこで私はその先生に私の実践を紹介し、手を叩いて日本語の拍の感覚を身につけてもらう指導が逆にできないだろうかと提案しました。後で聞くと、大成功だったそうです。その先生は日本語を習っている海外からの留学生に、「っ」は無理して発音しなくていいから間を置くようにと言って、下のように手を叩きながら発音指導をしたそうです。

　すると留学生たちの日本語の発音が劇的に上手になったそうです。ことばの違いって本当におもしろいなと思いました。

こんなふうにやってみましょう！⑤
音節への気づき

無意識に手を叩いて音節を数える子どもたち

　理論編で紹介したように、手を叩いて音節の数を数える練習を数回やっただけで、子どもたちはすぐに音節の数が言い当てられるようになります。単語のみを聞かせて手を叩かせる活動（活動例①）と、チャンツを使った発展活動（活動例②）をご紹介します。

〈活動例①：手を叩いて音節を数えよう〉

以下はやり取りの例です。

T　：What's this?（ミルクの絵を見せながら、または黒板に絵を描いて）

Ss：牛乳。ミルク！

T　：そう、ミルク。Can you clap your hands?

Ss：ミ・ル・ク（日本語の音節に合わせて手を3回叩きながら）

T　：In English. "Milk".（発音して見せる）

Ss："Milk".（一度だけ手を叩く）

T　：Very good! "Milk".（教師も一度手を叩きながら言って見せる）

T　：How about the next word? "Orange".

Ss：オレンジだったら4回だけど…。（発音を真似ながら何度も叩いて確認する）

T　：1回だと思う人？　2回？　3回？　あれ、みんな答えがバラバラですね。じゃあ一緒に叩いて言ってみましょうか。行きますよ… "Or-ange".（2回叩く）

Ss：（合ってた！　などと反応する）

T　：How about the next word? "Strawberry".

Ss：（お互いに手を叩きながら発音を確かめ合う）

T　：あれ、「ストロ」なんて発音してる人がいますよ。

よく聞いてくださいね。Straw...
S1：わあ、短い音！　これって１回しか叩かないんじゃない？
T　：さあ、また聞きますよ。１回だと思う人は？　２回？　３回？　今度は
　　　３回に手を上げた人が一番多いですね。じゃあ一緒に叩いて言ってみま
　　　しょう。"Straw-ber-ry".（３回叩く）

　児童が知っている語彙の中から、上記の活動に使える英単語例を以下にあ
げてみました。

カテゴリー	１音節	２音節	３音節
動物	dog	pan-da	el-e-phant
果物	peach	lem-on	straw-ber-ry
教室	book	pen-cil	e-ras-er
教科	art	Eng-lish	Jap-a-nese
色	blue	pur-ple	yel-low green
食べ物	cake	piz-za	ham-burg-er
スポーツ	dance	swim-ming	bas-ket-ball

Notes

　ある小学校の校長先生のアイデアです。２音節・３音節・１音節の単語の順で発
音すると、まるでチャンツのようにリズミカルになります。例えば、上の表の動物
シリーズでやってみます "♪ Panda, elephant, dog." この歌詞で、２回、３回、
１回と音に合わせて手も叩くように指示しましょう。最初はなかなか合わないかも
しれませんが、手遊びのようでとても盛り上がります。

Pan-da	El-e-phant	Dog
♩ ♩	♪ ♪ ♪ ♪	♩ 𝄽

〈活動例②：チャンツを使って音節を数えよう〉
　「音節を数えなさい」と指示するのではなく、チャンツのリズムに合わせようとして自然と音節数に意識を向けることを意図した活動を紹介します。ある公立小のベテラン先生の実践で、*Let's Try 1* の "What's this?" を応用して次のチャンツを使っておられました。まず歌詞やリズムを確認してください。

♪　　What's this?　　What's this?　　What's this?　　-----
　　　　●　　　　　　　　●　　　　　　　　●　　　　　　　●

—It's a bat.　　　It's a ball.　　　It's a cap.　　　-----
　　　　●　　　　　　　　●　　　　　　　　●　　　　　　　●

T　：(動物カードを使って、いろいろな動物の名前を練習しておく。)

T　：OK, let's do the chant!　Do you remember this chant?
　　　(チャンツを CD で流す。手を叩きながら児童と一緒に歌う)
　　♪　What's this?　　What's this?　　What's this?
　　　　—It's a bat.　It's a ball.　It's a cap.

Ss：(音源あるいは教師と一緒にチャンツを言う)

T　：Very good. みんなもう完璧だね。単語を変えてみようか。何にしようかな。(周りを見回し、黒板に貼ってある動物カードに目を止めて)
　　　How about animal names?　Can you say animal names?

S1：Yes. (すぐさま) Dog!

T　：Oh, dog.　Good.　Anything else?　Dog の他には？

S2：Mouse!

S3：Bird!

T ：じゃあ dog, mouse, bird の3つに入れ替えて言ってみようか。(教師
　　の合図で、教師と児童が一緒にチャンツを言う)
♪　What's this?　What's this?　What's this?
　　—It's a dog.　It's a mouse.　It's a bird.

　この活動例では、たくさんの動物カードの中からチャンツのリズムに合っ
た1音節の動物名だけ (dog, mouse, bird) を児童は選ぶことができています。
その音節への意識づけを行うために、あらかじめ踏んでおくべきステップが
あります。例えば、次のように段階を追ったステップが考えられます。

①正確な強弱で英語らしい音を

　単語を導入するときには、音源や先生の発音で意識的に正しい音と強弱を
何度も聞かせます。特にカタカナで日本語になっている単語は手を叩いて意
識的に指導します。カタカナの発音に引きずられる危険性の高い語の例を以
下にあげます。

バナナ	ba-na-na	モンキー	mon-key
●●●	● ● ●	●●●●	● ●
マウス	mouse	ケーキ	cake
●●●	●	●●●	●
フォックス	fox	ブラック	black
● ●●●	●	●●●●	●

②単語の入れ替えに挑戦させる

　何度も練習してマスターしたチャンツのリズムを使って、別の単語に入れ替えて言ってみるチャレンジをさせましょう。リズムが体に入っていれば、分析的ではなく自分の身体感覚でぴったり合う音を予想することができます。またたとえ予想に失敗したとしても、予想するという行為そのものが音節への意識を高めます。

 Notes

　これらの活動をする際には、文字は一切出さないようにします。文字を見せることで、綴りから音節を推測してしまう児童も出てくるからです。そういった児童は、母音という用語を知らなくてもローマ字の知識を使い、「a, i, u, e, o」が後ろにあれば１つの単位になる、と予想します。「a, i, u, e, o」の数を数えれば音節数と一致する単語が多いことも事実です。しかし、英語には発音しない母音字もあり、その数え方は必ずしも全てに当てはまるわけではないのです。音だけで音節数を数えることに意味があると考え、文字は出さずにたくさんの英語の音を聞かせることを優先してください。

こんなふうにやってみましょう！⑥
強く読む音節

強く読む音節に意識を向けさせる指導

　強く読む音節、つまりストレスに気づかせる指導については、本文ではグー（弱い音）とパー（強い音）という身体運動で行う実践を紹介しています（pp. 39-40）。ここではさらにその具体的な指導方法を紹介します（これも、公立小のベテラン先生の実践です）。

T ：(数字を導入した後)**先生が計算問題を言うから答えがわかったら言ってね。**
　　Answer in English! Ten plus seven is ...

S1：Seventy!

T ：Seventy? Seventeen?

S1：Seventeen.

T ：OK. That's right. Next, seventy minus forty is ...

S2：Seventeen minus forty?

T ：No, no. I said SEVENTY.（と言いながらパーグーグーの手を見せる）

Ss：あ、seventy だ！　手でやってくれたら簡単にわかる！
　　（と同じ手の動きをしながら言う）

<table>
<tr><td>sev-en-ty</td><td>sev-en-teen</td></tr>
<tr><td>● ● ●</td><td>● ● ●</td></tr>
<tr><td>パーグーグー</td><td>グーグーパー</td></tr>
</table>

Notes

　手の動きで音を表す指導は、特に小学生に有効です。分析的に学ぶのではなくイメージや自分の身体感覚で学ぶのが小学生であり、そうやって体得した音の感覚は正確な上に長期記憶に残ります。

　例えば、伸ばす音を教えるために、パーにした両手を向かい合わせておき、手のひらをつぼめながら腕ごと左右に引くしぐさをしたり、疑問文などで音が高く上がる時には、手のひらを上に向けて頭上まで上げるなど、全身を使って音の指導をされている実践を見たことがあります。先生の動きを見ながら発音練習した子どもたちは、自分だけで発音する時に、先生と同じ動きを再現しただけで、ハッと思い出して正しい発音を再現できます。どんな動きが子どものイメージにつながりやすいか、ぜひオリジナルでも工夫してみてください。

第④章 リズム感覚を身につける

「リズムに乗って英語を言う教材がありますよね。」

「チャンツのことですね。」

「そうです。実は私はリズムを取るのが苦手なんです。チャンツが嫌いという子どももいるし…。チャンツはしなくていいですか?」

「ああ、それはよく聞かれます。でも、チャンツの指導を語る前に、まずチャンツとは何なのかを正しく理解する必要があります。説明していきましょう。」

チャンツの意味

　英語はリズミカルな言語なので、メトロノームで拍を取ったり、手でタッピングしたりしながら練習すること自体は、悪くありません。問題なのは、日本の小学校では、「自然な会話で使われるものと同じリズム」というチャンツの趣旨が共有されなかったことです。私はチャンツという用語が一般的でなかった時代から中学校で自然な会話リズムの Jazz Chants を使っていました。当時、自然な会話リズムに乗れずに苦しむ中学生も少なからずいました。だからこそ、もっと身体感覚やリズム感が柔軟な低年齢のうちに英語に触れる必要性を痛感するようになりました。しかし現実は、会話で使われるリズムと違う何かのリズムに合わせたものが「チャンツ」という用語で独り歩きし始めました。

自己流でチャンツを作る先生もいて、ネイティブスピーカーが違和感を持つくらい妙なリズム、あるいはスローすぎるリズムのチャンツも出回っています。自然なリズムとは異なるチャンツで練習すると、すぐに思いつくだけでも、次のような問題が起こります。

1. 不自然なリズムを身につけてしまうことで、相手に通じない発音になる。また、自然なリズムの発話が聞き取れなくなる。
2. 不自然なリズムは、リズムが取りにくかったり違和感を持ったりするので、子どもも先生もチャンツ嫌いになる。
3. 特に単語の発音練習で、メトロノームのリズムに乗せて言う練習ばかりをしていると、リズムに合わせることに注意が向けられてしまい、発音がいい加減になってしまう。

　つまり、「チャンツはやらなくてもいい？」という質問への答えはイエスでもありノーでもあります。間違ったリズムのチャンツであればやる必要はありません。判断に自信がなければネイティブスピーカーや英語を専門とする先生に確認してください（私の実感では、子どもたちが嫌がる、あるいは乗れないリズムは間違っている可能性が高いと思います）。ネイティブスピーカーが必ずしもチャンツが得意なわけではありませんが、そのチャンツが「自然な発話のリズムとは似ても似つかない」かどうか、は判断してくれます。
　また、英語特有のリズムに慣れ親しむことが目的であれば、音楽やメトロノームがバックで鳴っているかいないか（チャンツを使うか使わないか）の違いは大したことではなく、正しい**プロソディー**（強勢、リズム、イントネーション、テンポなど）で発話している限り、OKなのです。先ほど、間違ったリズムのチャンツであればやる必要はないと言いましたが、正しいリズムのチャンツであれば、子どもたちのモチベーションが上がることが多いので使ってもいいと思います。正しいリズムのチャンツの中には、子どもたちが大好きなものもたくさんあるからです。押韻を強調したことばあそび（She sells seashells by the seashore. など）であればリズムへの気づきにもつながりま

す。でも飽きたり苦手意識が育ったりするほど頻繁にチャンツを使う必要は
ありません。

ここキーワード！

プロソディー

　プロソディーとは、[b]や[v]という1つ1つの音素の発音（個々の音）以外のすべての音声の要素をまとめて総称したものです。イントネーションやストレスだけでなくスピードの変化や間のとり方、その場に応じてつける抑揚なども含みます。そして日本語話者の英語が聞き取りにくいのは、個々の音の発音が悪いというよりも、日本語の癖が出て、英語特有のプロソディーに則らない言い方になってしまうためだと言われています。

リズムを使った指導のメリット

　正しくてきれいなリズムを口にすることは、本来気持ちのいいことです。マザーグースなどのナーサリーライムや絵本は、韻を踏んでいたり面白いリズムの変化や繰り返しがあったりと、子どもたちの心をつかんで離さない魅力にあふれています。押韻に気づいていようがいまいが、なぜか心に残る、あるいは聞いていたら心地よいと感じるのは、英語のリズムを体得する第一歩です。子どもは自分の感覚に正直なので、心地よいリズムを聞くと自然と体を揺らしますし、自分でも言えるようになろうと自主的に練習します。こういう無意識の身体感覚を刺激するのがリズムを使った指導の大きなメリットです。

　小学校の先生、特に低学年を担当する先生は経験としてごぞんじでしょうが、幼い子どもの言語力は身体感覚や運動能力と相関があると言われています。アスリート候補のような高い運動能力の話をしているのではありません。まっすぐ走る、運動会のダンスで音楽に合わせて動く、あるいは先生と同じ動きを真似できるといった基本的な身体感覚の話です。中学生になってリズムに乗れないのは外国語への抵抗感だったり思春期特有の照れだったりと様々な要因があるので一概に判断できませんが、幼い子どもの場合はかなりの割合で言語力は身体感覚との関連が見いだせます。音に慣れ親しむことも、同じ音を自分で出してみることも含め、幼児の言語習得は、大人の身体

運動を真似することが基本にあります。

　海外では、このような身体感覚を育みながら言語力を伸ばすためのプログラムを開発している例があり、確実に成果をあげています (Margaret Combley, *The Hickey Multisensory Language Course,* Whurr Publishers Ltd.)。つまり、基本的な子どもの身体感覚は練習で向上させることが可能なのです。そしてそのプログラムでメインとなっているのが、リズムに乗る練習です。最初は簡単なリズムから始め、だんだん複雑なリズムになっていきますが、手順を踏めばどの子どもも必ずリズムに乗れるようになるということです。

　文章として発話する場合、自然なリズムの発話の中には難しいものもあります。なぜかというと、英語は名詞や動詞、形容詞など内容を表す語（内容語）に等間隔で強勢拍を置く言語なので、前後に冠詞や前置詞、代名詞など内容語にくっついてなんらかの働きをする語（機能語）が続くと、それらには強勢拍を置かず早口で言わないといけないからです。例をあげます。

　　　It is easy to get up early.
　　　　　●　　●　　　●　　●

　強勢拍を置く箇所だけに●をつけました。全部で４か所です（It には拍が来ない場合もあります）。ではこのような文だとどうでしょう。

　　　It is easy **for me** to get up early.

　変わったところは for me が加わったことです。仮にこの「for me」があまり重要な意味を持たないとすれば、4 か所の強勢拍を置く箇所は変わらず、「for me」に強勢拍は置かれません。元の文と同じように、

　　　It is easy for me to get up early.
　　　　　●　　●　　　　　●　　●

となります。しかもこの4つの●はどれもメトロノームのように規則正しい間隔となります。となると easy から get までの間はものすごいスピードで言わないといけませんね。これが英語の強勢拍における等時性と言われるものです。内容語だけに強勢拍を置き、それが等間隔の幅で発音される、というルールです。英語が早口だと思われているのはこの等時性のせいです。実際は、ゆっくり発音されている箇所、強勢拍が置かれている語だけを聞き取ることができれば意味は理解できることが多いはずです。

さて、チャンツに戻りましょう。自然な英語の発話でできているチャンツの中には、このようなものすごいスピードのものも当然入っています。しかし頼もしいことに、高学年だと少しぐらいチャレンジングな方が燃えますから、休み時間になっても、「どうしよう。耳について離れない」と笑って練習しています。そういえば小学生は、早口ことばでも何でもうまく言えないとゲラゲラ笑い出します。何があんなに楽しいのでしょうか。ついこちらも笑ってしまいます。しかし、自分が言えないことを楽しんでしまう力こそが外国語学習向きなのだと思います。そんな小学生が未知の音や初めて聞くリズムを、少しの練習ですぐに体得する力は目を見張るものがあります。ですから、先生側は、できなくてもともと、という気楽な気持ちでやってみてください。実際、等時性できちんと発音できなくても将来困ることはありませんから。ただ、ネイティブスピーカーの多くは等時性を使って発話してきます。ちなみに、こういった練習をしておくと劇的に伸びるのは聞き取る力です。リズムを使った指導のメリットは、スピーキング力以上にリスニング力だと言えるでしょう。

日本語なまりは OK?

最近、グローバル化の中で話者の母語に影響を受けたいろいろななまりの英語が聞かれるようになりました。「ネイティブのような発音をめざす必要はないのでは?」「日本語なまりの英語でもいいのでは?」という声も聞かれます。結論を出す前に、今から2つの話を紹介するので、考えてみてください。

日本のある中学校から、ALT に指導してほしいという変わった依頼を受け

たことがあります。行ってみるとそのALTは、わざわざすべての音の後ろに母音を入れた妙な英語を話していました。なぜそんなおかしな発音をするのか聞いてみると、「こうしたら、日本の生徒が私の英語を聞き取ってくれるから。逆にこうしないと聞き取ってもらえない」と。ここまで来たら何のためのネイティブ教員誘致なのか意味が問われるところです。小学生と違って、英語特有の音の特徴に慣れ親しむ時間のなかった中学生は、「日本語の特徴をしっかり入れた英語」でないと聞き取ることができないわけです。私は一応説得を試みましたが、そのALTは「日本の生徒が英語を聞き取れるようになるのは無理！」と憤慨していました。ただ救いは、「本当の英語を聞かせてやってほしい」と思っている先生が中学校にはちゃんといて、このALTに不満を持っているということです。

　「JETプログラムで日本に来たALTは、日本語話者の英語発音をどう思っているか」という興味深い研究があります。この研究者は、20人ほどのALT経験者（全員が現在英語圏に在住）に、SNSを通してインタビューをしました。「日本語話者の英語を苦労せず聞き取れるようになるのに半年以上かかった」というALTが9割という結果でした。そして、彼らの多くが、それぞれの国に帰国後、「変な日本語なまりがついていて、言っていることが聞き取れない」と母国の人に言われて恥ずかしかったと語ったそうです。

　もうおわかりでしょう。グローバル化の時代、なまっていても気にする必要はない、というのは確かですが、日本語は音もリズムも英語とあまりにもかけ離れた言語であることを忘れてはいけません。中国語なまりの英語よりも、ヒンディー語なまりの英語よりも、「日本語なまりの英語が一番聞き取りにくい」とネイティブスピーカーの同僚から聞いたことがあります。

　発音で大切なのは「音韻認識」だと最初に言いましたが、「音素以外の要素」であるプロソディーもとても大切です。というより、音素感覚があれば母音をいちいち入れずに発音できるので、結果として自然なリズム、自然なプロソディーがマスターできるというわけで、根はつながっています。そしてプロソディーの習得にうってつけなのがやはりチャンツです（もちろん、「実際の発話と同じリズム」のチャンツであることが必須です）。正確なリズムをお

手本どおり再現できるようになれば、プロソディーのすべての要素が自然と身につきます。プロソディーなどという用語は教える必要はなく、とにかく英語らしい自然なリズムを大切にしてさえいればいい、と覚えておいてください。

　文字を介さず耳で聞いただけで、余計な先入観なしにその音とリズムを聞いたままに忠実に再現できるのが小学生のすごさです。文字で見せないとできないというのであれば、その会話は小学生にとって難しすぎるという意味なので、やる必要はないと私は考えます。ぜひ、文字を出す前に一度、「本当に文字が必要なのか」と自問してみる、ということを習慣にしていただきたいと思います。

こんなふうにやってみましょう！⑦
チャンツと意味あるやり取り

チャンツ活用の効果

　小学校でよく扱われるトピックに「行きたい国」があります。このトピックを扱った単元では、下記のような表現が扱われ、「友だちとやり取りをする」あるいは最後に児童が「自分の行きたい国をその理由とともに発表をする」といった活動をゴールにしています。

Where do you want to go?

　　　I want to go to ＿＿＿＿＿＿＿.

　　　I want to eat ＿＿＿＿＿＿＿.

　　　I want to see ＿＿＿＿＿＿＿.

　小学校英語に文字が導入される前は、子どもたちに表現を覚えさせるために、このやり取りをチャンツにして何度も言わせる指導が主流でした。今もそのように指導されている現場も多いことでしょう。しかし、指導する先生方の意識、指導手順ひとつでこのチャンツの活用も「効果」が大きく異なります。

　私が指導する場合には、次のようにしています。

　第１時　先生自身の行きたい国とその理由の紹介
　第２時　色々な国の紹介
　第３時　どの先生が行きたい国か考える
　第４時　自分の行きたい国を友達とやり取り（書写）
　第５時　行きたい国で何をしたいかの友だちとのやり取り（書写）
　第６時　先生のサンプルスピーチ紹介
　　　　　パフォーマンス評価のルーブリックなどをシェア
　第７時　チャンツによる練習
　第８時　発表（班発表・ポスタープレゼンなど）

　このうちの第３時と第７時について、見ていきましょう。

〈第3時の授業から〉

T ：Let's start the Quiz Time. I interviewed 4 teachers. Our principal, A sensei, B sensei, and C sensei. (4人の教師の名前を板書したり、顔写真を提示したりする) I'll tell you what they answered. So, think about who said what. OK? Are you ready?

T ：Hello, my name is…(口を押さえて見せる). I want to go to Spain. (児童に向かって) Ask me. "Why?"

Ss ：Why?

T ：I want to see the Sagrada Familia. I want to eat churros and paella. I want to watch football games too. Real Madrid! Who am I?

S1 ：え～、レアルマドリッドって言っている。サッカー？　サッカー好きなの？

T ：Yes. One more time?

Ss ：Yes.

T ：(もう一度、サンプル文で児童がこれから使う表現を意識しながらゆっくり言う) Who am I? Am I A sensei? (教師の名前または顔写真を一人ずつ示して、児童に挙手させたあとに、正解を言う) I am C sensei.

〈第7時の授業から〉

T ：Let's listen to the chant. First, just listen. (1回目は聞く)

T ：This time, let's divide into 2 groups. You are Group A, and you are Group B. OK? (クラスを半分のパートに分ける。それぞれが言う)

T ：Now, do the same as a pair. (隣同士でペアになって言う)

T ：Please say your speech with the chant. (自分のスピーチをチャンツに合わせて言う)

チャンツ導入のタイミング

　単元のゴールで英語でやり取りをしたり、発表をしたりする場合、英語の音声にまだよく慣れていない子どもや、記憶することが苦手な子どもには大変気の重い活動になり、英語は話したくないという気持ちに繋がります。先生が、「この英語を使ってこんなふうに発表させたい」と思うと、ついつい早いうちにチャンツを取り入れて練習の回数を増やしたくなりますが、そこはグッと我慢をします。ここで示したチャンツの指導は、導入の時期にポイントがあります。まずは、第3時のような活動を通して、しっかりと英語の意味と言い方を理解する。自分の言いたいことをまとめさせる。何度かやり取りも経て、「意味のある内容」を相手に伝えることにフォーカスをしてから、チャンツを使って最後の発話を調整する。児童の「伝えたい気持ち」を高める言語活動としての指導があれば、それに続くチャンツの指導は大変効果が高いでしょう。

Notes

　本場のチャンツを教室に取り入れたい場合には、英語圏の子どもがフレーズや文を楽しみながら繰り返すような英語絵本が多くあります。*Five Little Monkeys* シリーズ（Eileen Christelow）や *Pete the Cat* シリーズ（James Dean）も韻を踏んだセリフなどが豊富に出てきます。一度絵本で導入した後、音声だけを短時間に帯活動として繰り返し指導することもできます。それ以外に、海外の季節ごとのイベント（バレンタインデー、ハロウィーン、クリスマス）にちなんだチャンツは、その時期だけ単元で取り上げ、学年を縦断する形で毎年繰り返すこともできるでしょう。

第⑤章 音への身体性を育てる

「うちの学校ではパフォーマンステストの評価規準を考えることになって、ジェスチャーを評価規準に入れたんです。」

「ほう。それで、子どもたちはどんな感じでしたか。」

「不自然なジェスチャーがいっぱい出てきて…。本当にこれを高評価にしていいのかなあって不安になってきたんです。」

「子どもたちが『評価を上げるためのジェスチャー』をし始めたんですね。実はコミュニケーションにおけるジェスチャーについて、正しく理解しないうちに、安易に評価規準に入れるのは危険です。今から、小学校英語で大切な『身体性』についてお話しするので、一から学んでいきましょう。」

コミュニケーションで使われる身体性

　パフォーマンステストの評価規準に「ジェスチャーなどを使って」と書いてあれば、子どもは一生懸命ジェスチャーを考えて練習します。ただ、コミュニケーションにおける**身体性**は、相手に思いを伝えるために出てくる、動きや表情、声のトーンなどの「無意識の行為」です。それを準備したり意識したりすると、不自然になるのは当然です。そして不自然なジェスチャーを伴う発話を聞くと、それが英語であれ日本語であれ、聞いている方は違和感を持ってしまうことがわかっています。

ここキーワード！

身体性
　身体性の定義は様々ですが、私は「体の感覚」と、それにダイレクトにつながっている「心の感覚」を総称して身体性と定義しています。言語が身体性を通して習得されることは昔から多くの研究者によって論じられてきましたが、最近では脳科学の分野でも裏づけられつつあります。子どもはまだ心と体を区別できないので、思ったことを思わず口にしたり、体が先に動いてしまったりしますが、だからこそ言語習得に有利だと言えます。

もう少し具体的に説明しましょう。私たちは誰かとコミュニケーションを
する時、まず心の中で「相手に伝えたい内容」が生まれますが、その思いは
ことばになるよりも先に身体感覚に伝わります。おもしろい話をしようと
すると、ことばより先にまず笑顔になります。そしてジェスチャーも、ことば
よりわずかに先に出てくることが報告されています。「こんなに大きな犬が
いてね…」と話している人の、犬の大きさを示す両腕の動きは、「こんなに」
と話し始めるよりも少し早く動き始めます。このようなことは私たちが意識
してやっているわけではなく、無意識で起こっていることです。それなのに、
もしあなたと話している相手が「こんなに」と言ってから両腕を動かし始め
たら、たとえそれが 0.5 秒遅れただけでも「何か違和感がある」と感じるは
ずです。したがって、英語のスピーチを暗唱して、一生懸命ジェスチャーも
考えて練習してきた子どもが、それを思い出しながらプレゼンテーション
している時に、その英語よりほんのわずかでもジェスチャーが遅れたら、「わざ
とらしい」「気持ちがこもっていない」と感じてしまうのです。

　ジェスチャーは可視化されていますので、評価もしやすく、私たちはジェ
スチャーばかりに注目しがちです。しかし、コミュニケーションで使われる
身体性はそれだけではありません。先ほど言った笑顔などの表情、声のトーン、
間の置き方などもそうです。もしあなたが "How are you?" と話しかけた相
手が、ちょっと間を置いてから "I'm fine, thank you." と不自然な笑顔を作っ
て返事したらどう思われますか。「本当は fine じゃないのでは？」と疑ってし
まうのではないでしょうか。つまり、間を置くことは一つの情報になってい
るのです。私たちは、ことばだけでコミュニケーションを取っているのでは
ありません。本当の思いや伝えたい内容が身体に反映され、意識するしない
に関係なく、その身体性で情報を伝え合っています。そう考えると最近、子
どもや若者の人間関係のトラブルが増えているのは、SNS の普及などのため
に身体を通したコミュニケーションの経験が不足しているからだという指摘
は、当たっているように思えます。そのような時代の中、コミュニケーショ
ンに関わる教科である英語の授業に課せられた使命は大きいものがあります。
そしてそれは、ことばだけのコミュニケーションであってはいけないという

ことも、納得していただけると思います。私たちは身体性を意識したコミュニケーション活動を創造し、指導していく必要があります。

パフォーマンステストのあり方

　パフォーマンステストで不自然なジェスチャーをしたとしても、それは子どものせいではありません。厳しく言うと、ジェスチャーを使う体験をその程度にしか与えられなかった先生側の課題です。本当は、普段のコミュニケーション活動の中で、先生が自然にジェスチャーや表情やトーンの変化を使う姿を見せ、子どもがそれらを自発的に使っていればほめて、「本当のジェスチャー」を使う体験を積ませていれば、わざわざパフォーマンステストの前に準備する必要などないのです。日頃自然なジェスチャーを使った体験が少ないのに、テストの時だけ「ジェスチャー」が評価規準とされるのでは、子どもがあまりにもかわいそうです。ジェスチャーという表現を使いましたが、このことばに代表される身ぶりのほか、表情や間の取り方、トーンの変化などの自然なコミュニケーションに必要な非言語的なものも含みます。子どもたちには、そういったものを使っている先生の発話を聞き、自分も自然に使う体験を積んでおいてもらいたいと思います。

音を自分の体で再現する感覚

　では、音に対する身体性を育てるにはどうすればいいのでしょうか。難しいことではありません。すでに実践しておられる先生もたくさんいらっしゃいます。そう、**TPR** です。happy や sad と聞いて嬉しそうな表情をしたり泣いているジェスチャーをしたりして反応する活動です。（→こんなふうにやってみましょう⑧）以前の中学生なら「happy ＝幸せ、sad ＝悲しい」と日本語とのセットで丸暗記していましたから、もし sad と聞いても「えーっと、どういう意味だったかな。ああ、悲しい、か」と身体感覚が動くことはありません。しかし身体感覚の中に残っていれば、sad と聞くと「悲しい」という日本語が浮かぶよりも先に泣くジェスチャー（子どもによっては目に近づける手の筋肉の動きだったり、口をへの字にする顔の筋肉の動きだった

り）が身体感覚にまず蘇ります。自覚さえもない、本当にわずかな感覚に
しか過ぎません。日本語が浮かんでくるのは、その 0.5 秒後くらいです。以
前、ジェスチャーと一緒に覚えた単語を使って話そうとした子どもが、その
単語が思い出せず、ジェスチャーを通して思い出した姿を見たことがありま
す。それは clean（掃除する）という単語でした。I clean my room. と言い
たかったその子は、I ... I ... と言いながら何度もほうきで掃くジェスチャー
をして、ようやく「あっ、clean！」と叫びました。身体論では、ジェスチャー
は記憶するために効果的なだけでなく、いったん忘却したものを想起するた
めにも有効であることがわかっています。つまり、新しい表現に触れる時に
は、ジェスチャーと一体化させることが習得に直結するということです。先
生が Small Talk をする時は、英語の意味を理解させるためにジェスチャーを
使うのはもちろんのこと、そのジェスチャーを子どもが真似して後で使うこ
と、そして身体感覚に落とし込んで英語の表現を記憶する可能性がある、と
いうことまで意識して使ってください。

ここキーワード！

TPR

TPRはTotal Physical Response（トータル・フィジカル・レスポンス）を省
略した用語です。昔から英語教育における専門用語だったのですが、小学校英語
では特に有効であることから、一般的に浸透しつつあるワードです。英語を聞い
てその通りに身体運動で反応する活動を指します。もともと外国語としての英語
習得のメソッドとして海外で研究されていたものですが、日本の中学校や高校で
も効果が検証されています。実際はジェスチャーゲームや指さしのようなものか
ら、クラスルームイングリッシュを聞いて反応することも含まれ、小学校では45
分の活動すべてがTPRと言っても過言ではないと考えます。

　もっと単純な身体性もあります。それは英語特有の音を言ってみた自分
の口の感覚です。子どもは新しいものが大好きです。とても難しそうな英
語の音を聞くと、大人だと「できるかなあ…難しそう」とネガティブな感
情を持つかもしれませんが、子どもは「やってみる！」とワクワクします。
strawberry が 3 音節であることは前の章でお話しましたが、一番難しいのは
straw を 1 音節で発音することです。「s や t の後には一切音を入れずに str の

音を一瞬で言うんだよ」というと、子どもたちはキャーキャー言いながら練習してくれます。特に t の音をしっかり破裂させることも強調するので、今まで使ったことのない歯や舌の使い方、呼吸のやり方をすることになります。この身体感覚が口の中にしっかり残るので、本来難しいはずの strawberry がとてもきれいな発音になり、しかもいつまでも忘れない、というようなことが起こります。身体感覚だけでなく新しいものへの感性が豊かであることが、小学生の強みなのでしょう。

こんなふうにやってみましょう！⑧
音への身体性

TPR を活用した指導

　TPR の代表的な、そして効果的な活動といえば Simon says（→ Notes）ですが、ここではそれを少し変形させた活動を紹介します。Simon says では、先生が Simon says と言わなかった時には聞いた通りの動きをしてはいけません。しかし、ここで紹介する活動は、先生が言ったことをすべてする、というルールで行います。

T : Let's try TPR Activity! Stand up.

Ss：（起立する）

T : Walk around.

Ss：（教室を自由に歩き回る）

T : Stop.（児童が立ち止まったのを確認する）

　　Swim.（児童が泳ぐ動作をするのを確認する）

　　Stop. Point to the door.（児童がドアを指さすのを確認する）

　　Make a group of three students and sit down.

Ss：（興奮してはしゃぎながら、3 人組を作って手をつなげたグループからその場にしゃがむ）

T :（2 人組しか作れなかった児童に向かって）　OK, OK.（全員に）

　　Stand up, everyone. Go back to your seat.

Ss：（全員自分の席に戻る）

　この活動はウォームアップにもぴったりです。子どもは英語を話さなくてもよいのでスローラーナーも安心して参加できる上、もし先生の英語が理解できなくても、周りの友だちを真似して動けば参加できるからです。体も心も温めてくれて、授業に入る準備完了です。Make a group of three students.（3 人組を作る）という指示などは、数字の部分が変わっていくので、

そこだけに集中して耳を傾ける、つまりコミュニケーション上、最も意味の
ある語に集中する習慣をつけることにもなります。

📖 **Notes**

　Simon saysは、先生（またはリーダー）が "Simon says, 'Touch your head!'"（サ
イモンさんが言いました、「頭を触って！」）と前に Simon says をつけた時だけし
か、その動作をしないというゲームです。説明も簡単です。「『船長さんの命令です』
ゲームの英語版ですよ」と言うだけで子どもたちは「あ、わかった！　早くやろう」
と大喜びします。

　以前、そのゲームをするのがとても上手な ALT に会ったことがあります。あま
りに盛り上がるので、「Simon says ってこんなに子どもが夢中になって先生の英
語に耳を澄ませるゲームだったんだ」と感心し、TT ではなく自分ひとりの時にも、
その ALT を真似してやってみました。ところがその ALT の時ほど盛り上がりませ
ん。その後、その ALT を観察してわかったことがあります。バラエティーに富む指
示がたくさん頭の中に入っていて、発話を迷わないのです。全員立った状態で行い、
Simon says をつけない指示に反応してしまった子どもは着席しないといけないの
ですが、慣れてきて誰もひっかからないようになると、機関銃のようなスピードで
次々指示を出したり、急にスローになったかと思うとまたスピードを上げたり、メ
リハリを効かせていました。子どもたちは目をキラキラさせて夢中です。ひっかかっ
た子どもはゲラゲラ笑いながら着席します。

　活動のバリエーションとしては、次のようなことが考えられます。
　１）先生が実際に動作をしながら指示を与える。（音と意味を結び付ける）
　２）先生が（わざと）違う動作をしながら指示を与える。（音に集中して聞く）
　３）先生が動作を示さないで指示を与える。（音声だけで指示が分かる）
　４）児童同士のペアで行う。（自ら指示も英語で言える）
　また、"Clap your hands." や "Run." などの連続した動作を指示した後に "Stop!"
と言うと、Simon says がないのにつられてしまう児童が多く、そのような「引っ
かけ」を適当にまぶしていくと、子どもたちの集中力が途切れません。

　この活動を何度も経験した子どもたちは、普段でも先生の英語の指示に、反射的
に反応するようになります。上で紹介したウォームアップが可能になっていくので
す。

TPR の活動で使える動作例

Classroom English を応用する

Stand up.	Raise your hand.	Walk around.	Sit down.

動作をする

Touch your <u>head</u>.	Point to something <u>black</u>.	Clap your hands.	Close your eyes./ Open your eyes.

声を出す

Say "<u>Hello</u>."	Sing <u>the ABC song</u>.	Laugh.	Cry.

その場でジェスチャーをする

Run.	Swim.	Play <u>baseball</u>.	Sleep.

＊いくつかの表現は、下線の語を入れかえて応用させることができます。

本物の題材は子どもの心を動かす

本物の題材は子どもの心を動かす

　マザーグースは作者不詳で、中にはナンセンスなものや怖いもの、語彙が難しいものなど、子ども向きとは思えないようなものもたくさんあります。なぜそれらが時代を超えて子どもたちから愛され残っていったのでしょう。私は児童文学を研究していた時、イギリス人が子ども時代を尊重する文化の中で「子ども向けに味付けしない」児童文学を築いてきた歴史があることを知りました。『不思議の国のアリス』は不気味なので苦手という子どもがいる一方で、夢中になる子どももいます。子どもにとってこの世にはわからないものがありすぎて不安ですが、大人にさえその不安を感じさせるような世界観がアリスにはあります。『ピーターパン』の原書には「ウェンディは自分が大人になってしまうことを２歳の時に知った。摘んだ花をお母さんに持っていった時、『ああ、ずっとこのまま大人にならなければいいのに』と言われたから。人は皆、２歳の時にそのことを知る」（注：筆者訳）とありますが、子どもがこの文を読んで何かを感じ取れるのでしょうか。明らかにこの文は大人に向けて書かれています。全編そのような雰囲気に包まれています。しかし、子どもには何も感じ取れない、と思うのは子どもを甘く見ています。子どもは子どもなりに何かを感じ取れると信じ、「大人も子どもも読む」ものとして書かれてきた歴史が、イギリス児童文学にはあるのです。そして、それをさかのぼったところにマザーグースを含むナーサリーライムがあります。

　怖い歌詞や難しい語彙を使ったナーサリーライムは、子ども扱いしない内容だからこそ、子どもに受け入れられ残っていったのだと思われます。考えてみれば大昔からあまたの童謡、童話が生まれてきたはずで、子どもが興味

を示さないものは消えゆき、人気があったものだけが口承で伝わってきたはずです。日本の童謡・童話も同じではないでしょうか。残ったものにはそれなりの理由があります。

　音に触れさせるためにナーサリーライムを活用するその先の段階として、豊かな内容を持つストーリーテリングとの出合いが望まれます。英語圏に限らず世界中で愛されてきた児童文学や童話には、共通して子どもをとらえて離さない魅力があふれています。また世界中の文化に出会う素晴らしい機会にもなります。私自身、『メアリー・ポピンズ』に出てきたジンジャーブレッドの味を想像し、『長くつ下のピッピ』に出てきたスウェーデンの自然にあこがれた子ども時代が、英語学習への動機づけになったと確信しています。ある意味、すぐに海外に行けたり映画で見たりすることができる今の子どもよりも恵まれていました。子どもにとって外国の物語は、未知の世界そのものです。想像しながらことばを聞いたり読んだりする体験が、外国語の習得と動機づけの両方にダイレクトにつながるからです。むしろ今の子どもにこそ、ストーリーテリングは必要です。低学年なら日本語の絵本を読んであげる場面も多いでしょうが、高学年になるとそうもいきません。だからこそ、英語のストーリーテリングの出番です。

　そう考えると、本物の題材と比較すると、教材として作られたチャンツやお話は魅力に欠けるところがあります。私はそういう教材は、刺激のある部分、心を動かす部分がそぎ落とされて無味無臭となった「炭酸の抜けたコーラのよう」だと感じます。使いやすいけれどことばの学びはそれだけでは成立しないと思うのです。中学校の教科書には世界の名作や名スピーチが載っていますが、字数の制限や語彙の制限から、内容を減らしたり残酷な場面をカットしたり簡易版にリライトしたりしてあることが多く、原作のよさが失われていると感じることがあります。私はよくそういう時、原書をそのままプリントして配布しました。もちろん内容は難しくなりますが、それでも中学生は興味津々で読んでくれました。心を動かすのはやはり内容なのです。さらに原書が読めたという達成感や喜びもついてきます。決して、リライトしたものを教科書に載せることに反対しているのではありません。載っているか

らこそ、「実は原書を用意してきました」と言った時に歓声が上がるのです。オリジナルの全文を知ることで、生徒は教科書に載っている一部とはいえその箇所をより深く理解でき、感情を込めて音読できるようになります。きっかけとして教科書に載っていることの意味は計り知れません。

豊かな内容を豊かに伝えるのは先生の力

　最近、英語に限らず教科書から本物の題材は減っているような気がします。高校国語で文学を切り離し選択制にすることが決定したように、文学作品を読むだけで言語能力が向上するわけではない、という考え方が主流になりつつあるからです。確かにその通りかも知れません。1つの小説だけで1年間国語の授業をしたというカリスマ教師の話がありますが、文学作品をいかに深め広げられるかは教師の力量次第というある意味不安定なものであり、もっと効率的かつ確実に言語能力を高める教材があるという考え方も妥当です。しかしより年齢の低い小中学校の国語には易しい文学作品が不可欠でしょう。声に出して朗唱し、その響きと意味をクラスみんなで一緒に体感していく授業は、古き良き、そしていつまでも新しい指導法だと思います。

　ことばへの感性は説明して教えることでは身につきません。私は大学時代の英詩の授業で、高齢の教授がワーズワースやシェリーの詩を朗読された後、いつもしばらく身動きもせず沈黙しておられたことを今でも思い出します。最初は何が起こったのかと不思議に思ったのですが、教授は詩への感動で心が打ち震え、ただその余韻に浸っていただけだったのです。いつも急に我にかえって「ああ、すみません。何度も読んでいる詩ですが、久しぶりに声に出して読んでみると、あまりの美しさに時の経つのを忘れていました」とようやく授業の続きが始まるのが常でした。その時聞いた詩の解説などはほとんど覚えていないのに、教授がいつも感動に打ち震えていた姿だけは忘れられません。当時はあきれたり笑ったりしていた私ですが、今思うと、私が今でも日本語であろうと英語であろうと詩というものが、そしてナーサリーライムが大好きなのはその原体験のおかげだと思います。私は、当時その英詩の良さがわかりませんでした。でも教授がそこまで心を動かされる英詩とは

どんなに素晴らしいものなのだろう、いつか私も心が動くほど押韻詩や英語のリズムを理解できる日がくればいいのに、という学びへのあこがれが育ちました。学習者の心を動かすのは、解説や説明の量ではなく、先生自身が心を動かしている姿です。

　「大詩人の英詩はそりゃあ美しいでしょうが、しょせん小学生が読む絵本のレベルではねぇ…」という声も聞こえてきそうです。そんなことはありません。子どもの心を失った方ならともかく、日々子どもと過ごし子どもの心に寄り添っている先生ならおわかりでしょう。私はある小学校の先生のおっしゃったことが忘れられません。「昨日、恥ずかしいことに1人で泣いてしまったんです」とその先生はおっしゃいました。どうしたのかと聞くと、翌日の授業で読み聞かせるために英語の絵本を選び、練習しておこうと1人で音読をしていたそうです。音読しているうちにその絵本の内容に引き込まれ、涙が止まらなくなり途中で音読が続けられなくなったというのです。こんな先生に読み聞かせてもらう子どもは何という幸せ者でしょう。前日に読み聞かせ練習を何度もされたわけですから、初めて音読した時のように子どもの前で涙を見せるわけではありません。それでも、先生がその絵本の内容に心を大きく揺さぶられながら読んでくれる、豊かな思いを載せたことばを聞かせてくれる、この状況で子どもの心が動かないはずはありません。

文字を出さないことで文字への好奇心が育つ

　最近は早期教育が流行していて、幼児や、ともすれば乳児のうちからひらがなや漢字を教える教材や教室があります。他の子どもより早く「読み」を習得すれば、小学校の「お受験」などには確かに有利かもしれません。心配するのは、多くの幼児は「まだ勉強したくない」と親に言えないことです。勉強とは何なのか、まだよくわからない年齢です。特に幼児期の母語習得は、勉強という意識は必要ありません。むしろことばを通して豊かに心を動かす体験をしっかり積んでおく時期です。子どもが自ら文字に興味を持ち、それを見て親が早期教育をするのならまだわかりますが、そうでない子どもに文字学習を強制したら、きっと文字への好奇心は育たないでしょう。「学びとは

好奇心から始まる」というのが私の考えです。

　私の知人で、小学校の先生であるＡさんは、娘さんが小学校入学前に「お友だちがみんな読めるようになっているから、私にもひらがなを教えてほしい」と頼んできたとき、「小学校に入ったら習うからそれからで大丈夫。1年生の先生はとても上手に教えてくれるよ」と言い続け、あえて教えないようにしていました。やがて、娘さんは、自力でひらがなを読めるようになりたくて、絵本を音読するようになったそうです。正確には、何度も読み聞かせをしてもらって覚えてしまったお話を声に出していた、ということでしょう。すると、大きな声でお話を声に出しているうちに、娘さんは音とひらがなの組み合わせに気づいていきました。いくつかわかると、その前後の文字も予想できます。Ａさんは娘さんが聞いてきた時だけ、「そうだよ」とか「うーん、ちょっと違うかな」と返事をするようにしていました。娘さんはこうして少しずつ自力で読めるようになっていき、結果として小学校入学前にすべてのひらがなを覚えたそうです。Ａさんは決してそれを狙っていたわけではなく、文字への好奇心を育てて小学校へ送り出したかっただけなのです。

　そしてそれは中学校の教壇に立っていた時に、私がいつも感じていたことでもあります。「僕は塾へ行ってるから、学校の英語は簡単すぎる」と豪語していた中学生が、あっという間に他の生徒に抜かされていく姿も何度も見ました。中学1年生レベルの英語の学習内容であれば、他人より先に習ったら先に習得できるというだけのことで、自慢するほどのことではありません。大切なのは、学びに対する好奇心と、わかるようになった瞬間の楽しさを知っていることです。

子どもは放っておいても文字を知りたがる

　英語の文字も同じです。外国語活動が始まったばかりの頃、特に文科省が禁止したわけでもないのですが現場は「小学校では文字指導をしてはいけない」という雰囲気でおおわれていました。その時代を知っている先生なら、当時の小学生の文字への好奇心たるや、すごかったことを覚えておられるはずです。まさにＡさんの娘さんと同じです。教えてほしいのに教えてくれな

い…人間とはダメといわれると余計に興味がわくものです。しかたがないので勝手にＴシャツや筆箱に書いてある英語を予想して読んだり、ただひたすら写して書いたり…私が教えていた子たちにもそういう子は何人もいました。文字の書き方を指導していないのに自己流で写しているので、元の文字とはかなり違うデザインになっているものもあり、もはやこの域まできたら自由なレイアウトで文字の形を楽しむシュタイナー教育だなあ、と逆に感心したこともあります。

「子どもたちがこんなに文字学習を渇望しているのに文字を一切教えないなんて、間違っている」と、私はある時独断で６年生への文字指導に踏み切りました。アルファベット26文字とその音読みを教えたのです。フォニックスという用語さえ一般的ではなかった時代です。すると、たった２回ほど指導しただけなのに、休み時間になると子どもたちが教室中の英語の文字を探して読もうとするのです。もちろん正しく読めている子どもはほとんどいませんし、notebookなどルール通りでは読めない単語もたくさんあるので、そんなにうまくはいきません。それでも読める字があれば残りは予想して読めるものです。あまりに急激に読めるようになったことに私は衝撃を受けました。この経験があるからこそ確信しているのです。文字を急いで教えるのではなく子ども側のレディネスができたタイミングまで待つべきだ、そしてそのことを忘れてしまったら小学校英語のよさは失われる、と。ここでいうレディネスは知識だけでなく好奇心も含んでいます。

こんなふうにやってみましょう！⑨
英語絵本の活用法

絵本を使ってできること

絵本を使ってできることを考えてみましょう。

①たくさんの英語の単語や表現をストーリーの中で学ばせることができます。

②絵があるので、耳にする英語とその意味を、聞きながら類推する力を養うことができます。

③絵本を使って、読み手（指導者）と児童が英語で自然なやり取りをする場面が作ることができます。

④繰り返しの表現が多く、児童が自然に「自分も声を出して読んでみたい」という気持ちを高めることができます。

⑤読み聞かせを通して、文字への関心を高め、「自分も読んでみたい」という気持ちを高めることができます。

学習指導要領では「音声で十分に慣れ親しんだ簡単な語句や基本的な表現の意味が分かるようにする」ことが、読むことの目標にあげられています。絵本の場合、音声では聞き慣れない、児童にとっては「難しい」語句や表現が含まれます。それらを絵や読み手とのやり取りでわからせるところに「絵本の読み聞かせ」の楽しさがあるのですが、だからといって、児童に、内容のすべてを「理解」して「読む」ことを求めないようにしましょう。

ここでは、まず絵本で「文字に触れながら」聞き、次第に、そこに書かれた文字へと関心を向けていく指導の方法を考えてみたいと思います。それでは、どんな絵本をどんな目的を持ってどのように指導するかについて、少し多めにページをさいて、１つずつ紹介していきます。

英語の語彙、表現のインプット

幼い子どもが読み聞かせの中でたくさんのことばを覚えるのは、それが母

語であっても2番目の言語であっても同じです。絵本の中には耳に心地よい繰り返しや、思わず一緒に言いたくなる楽しいフレーズが何度も出てくるものがたくさんあります。このような絵本を使う時には、CD や ICT の音源を使うことも可能です。意味や読み方がわからない単語があればインターネット上によく上がっている「読み聞かせ」動画を参考にしたり（違法アップロードの動画も少なくありませんので、注意が必要ですが）、ネイティブの先生に確認したりすればよいでしょう。その上で読み手自身も何度か読み方を練習してから、児童の前での読み聞かせに挑戦しましょう。

〈ジェスチャーや声色を使う読み手の発話例〉

T ：This is a blue monster.（青いモンスターの絵を指さしながら）It's blue.（絵の中で違う青色を指しながら）What color is this?

Ss：Blue.

T ：Yes. It's blue. He was very sad.（悲しくて泣きそうな顔をして）
　　He was all alone.（指を1本出して1人だというジェスチャーをする）
　　He was a big monster.（大きく手を広げて）

（おすすめの本）
The Foot Book (Dr. Seuss) / *The Cat in the Hat* (Dr. Seuss)
The Very Hungry Caterpillar (Eric Carle) / *From Head to Toe* (Eric Carle)
Pete the Cat series (James Dean) / *Brown Bear, Brown Bear, What Do You See?* (Bill Martin, Eric Carle)

 Notes

　ベテランである筆者も、最初は「私の英語でいいのかな」「ネイティブスピーカーの完璧な発音で聞かせてやるべきでは」とためらいました。しかし、そもそも「完璧な英語」という定義もあやふやであり、発音指導のために絵本を読むわけではない、と開き直り、気が楽になりました。もちろん、指導者としては、少なくとも間違った英語の読み方はしたくないし、その内容は理解しておくべきだと思います。その最低限の準備と練習が整えば、あとは子どもたちが助けてくれます。

　まずは、絵本の読み聞かせを、絵に注目させたり、読み手のジェスチャーや声色を使ったりして、耳から聞こえる英語が「どんな意味だろう」と想像させながら、豊かなインプットを与える機会としましょう。Good luck!

読み手との自然なやり取りの機会

　絵本の読み聞かせの一番大きな魅力は、本物のことばのやり取りの機会を持てることです。日本語で幼児に絵本の読み聞かせをするときに、読み手が本文を読むだけではなく、「（絵を指さしながら）これはなあに？」「あれ？次にはどうなるのかな」「○○ちゃんはどう思う？」などといった質問を投げかけ、聞き手である子どもとやり取りすることはよくあります。お互いの視点の先には絵本があるので、それが英語の絵本であっても、そんなやり取りがとても自然にできます。そのイメージで、英語の絵本の読み聞かせをしてみてください。

〈やり取りに使う表現例〉

○ **What's this?** （絵本の絵を指さしながら英語での名称を聞く）

○ **Do you like cookies?** （絵に出てくるものを指さし、好きかどうかを聞く）

○ **Is this OK?** （絵本の中で、いたずらをした子の行為の是非を問う）

○ **What will happen next?** （次の展開をたずねる）

〈やり取りに使う表現例〉

（答え方が難しいと思われる場合には、選択肢を与えてさらに質問をする）

Do you think he can do it? （ジェスチャーをつけてわかりやすく問いかける）

（聞き手全員を、そのやり取りに巻き込むようにする）

Who thinks he can do it? Raise your hands.

Who thinks he cannot do it? （ジェスチャーで×などをしながら）

Raise your hands.

The answer is ... (期待を膨らませながら、ページをめくる).

You are right! He CAN do it.

〈おすすめの本〉

Bark, George (Jules Feiffer) / *Where's Spot?* (Eric Hill)
White Rabbit's Color Book (Alan Baker) / *It Looked Like Spilt Milk* (Charles G. Shaw)
Joseph Had a Little Overcoat (Simms Taback)
When Sophie Gets Angry —Really, Really Angry ... (Molly Bang)

やり取りをしながら読み聞かせる時、読み手もその物語世界に浸りきることが大切です。「すごいね。こんな大きなパンケーキ。どこから食べようか。お腹が減ってきたね」などとフィクションの世界に誘うことで、子どもの想像力を膨らませ、思考を働かせながら自分の思いを口にさせることもできるでしょう。

英語学習を意図して作られた絵本と、長く英語圏の子どもたちの間で親しまれ愛されてきた絵本を読み聞かせた時の子どもたちの反応が全く違うのは驚くばかりです。後者の絵本はその独特のストーリー性で、子どもたちを想像の世界へと導きます。学んで日が浅い英語で、自分のことを伝えたり、友だちとやり取りしたりするには、英語力や話せる内容に限界があります。しかし、絵本を通したフィクションの世界では、子どもたちは自由に発想を膨らませることができます。絵本の中で展開するストーリーを、子どもと一緒にわくわくした気持ちで読み聞かせてみましょう。子どもは本物を見抜く天才だということが実感できるはずです。

英語の語彙や表現をアウトプット

これまでに紹介したような読み聞かせを経験した子どもたちは、何度も聞いて慣れてきた表現を使って、そのわくわくするお話について話したい気持ちが高まります。せっかく高まったその「話したい気持ち」を、英語の発話へと導く方法をいくつか紹介します。

読み聞かせの最中に児童の英語でのアウトプットを促す方法には、次のようなものがあります。

・繰り返しの表現部分に来た時には、一緒に言うように手で導く
・絵本の中でのやり取りの箇所では、教師が言った後に、子どもたちを指す
・センテンスの途中で、語尾をあげ間を持たせることで、続きを言うように促す

では実際の指導例で、先生がどんな工夫をしているかを見ていきましょう。

〈児童の英語アウトプットを促す指導〉

【題材】*Brown Bear, Brown Bear, What Do You See?*

T ：Red bird, red bird, what do you see? I see a ... (↗) （わざと間をあけて児童の発話を待つ）

Ss ：... yellow duck looking at me.
　＊ページをめくるタイミングなどで、一斉に言わせるように、キューを与える。

T ：（ページをめくり、次のページの絵などを示しながら）I see ... (↗)
　One, two ....

S1 ：... a blue horse looking at me.

T ：Together!（手で招きながら）

Ss ：... a blue horse looking at me.
　＊簡単に英語で答えられそうな質問をたくさん投げかける。

T ：（絵を指さして）Is this a horse? Yes (↗) or no (↘).

Ss ：Yes!

T ：（絵を指さして）Is this red? Yes (↗) or no (↘).

Ss ：No!

T ：（絵を指さして）What's this?

S1 ：It's ....

（おすすめの本）
・「英語の語彙、表現のインプット」の項でおすすめの本 (p. 74) と共通
・繰り返しやリズムがあり、一緒に声に出して読みたくなる本

 **Notes**

　小学生を前に初めて絵本の読み聞かせをすると、子どもたちは口々におしゃべりを始めます。特に低学年の子どもたちはおしゃべりが止まらなくなり、こちらが "Be quiet, please."（静かにしましょう）と指示しないといけなくなることが多々あります。「このお話、知っている！」と伝えたい思いや、今から始まる絵本の内容への期待の高まりが、子どもたちを饒舌にしているのかもしれません。毎回ルーティンとして、全員が絵本に注目し、静かに聞く姿勢ができるのを待ってから「絵本読み」を始めるようにしましょう。

自立した読みへと導く

　英語の本の読み聞かせをする時、子どもたちは先生がそこに書かれた英語の文字を「読んでいる」ということを知っています。何度も読み聞かせをしてもらい音声で十分に慣れ親しんだお話を、子どもたちが「自分でも読んでみたい」と思うのはとても自然な流れです。そのためには、子どもたちが全員文字を見られる状態を作るようにします。ICT を使ったり、子どもが手元に絵本を持つことなどが考えられますが、その具体的な方法は第 3 部で詳しくご紹介します。(pp. 120-121)

文字の指導

第①章 文字指導のこれまで

「文字指導は教科としての外国語の大切なポイントだということがわかってきました。」

「そうですね。では、これから、第2部では文字指導をターゲットに、じっくりお話ししていきましょう。」

「英語が専門ではない私でもできるものをお願いします。」

「ご安心ください。英語の文字指導についてこれだけは押さえておきたいポイントを正しく理解していれば、十分なんですよ。まずは出発点として、これまでの小学校での文字指導の課題を見ていきましょう。」

アルファベット指導のこれまで

　文字指導といっても、アルファベット指導とそれ以外の文字指導には大きな違いがあります。アルファベットは中学年（3・4年生）から出てきますから、歌を使ったりアルファベットカードを使ったゲームをしたりして、アルファベットの順番や名前に慣れ親しませる（a は [eɪ]、b は [biː] のように名称読みができるようにさせる）ことは、それほど難しいことではありません。首をかしげたくなるような指導法もほとんど見かけることはありません。高学年になると、4線上に正しく書くことや、アルファベットを音素として読む活動も出てきますが、これも、音素の認識が育っている子どもであれば、それほど難しい指導ではないでしょう。ただ気になることもないわけではありません。私が研修に呼ばれて見せてもらった授業の事後研究会でこんなやり取りがありました。

山本　　：A 先生、授業お疲れ様でした。子どもたちもがんばっていてとても良かったと思いますが、ひとつだけ気になったことがあります。アルファベットジングルを練習する時、先生は「ブ、ブ、バッグ！　ク、ク、カップ！」と言っていましたよね。

A 先生：はい。何か変でしたか。

山本　　：b、c の音は「ブ」と「ク」ではなくて [b] と [k] です。後ろに母音を入れているので、子どもたちも皆その発音をしていました。

A 先生：えっ、b、c はそういう音なんですか。発音しにくそうですね。そしてジングルってその文字の音を教えるためのものなんですか。初めて知りました。ラララとかマママみたいなハミングの歌なんだと思っていました。

　突然小学校英語が始まり、教え方の研修を受ける時間もなく、一つ一つの活動の目的や意味について理解が不十分なまま取り組まれた先生方が少なくなかったことがわかります。でも、このような時代はだんだん終わっていくでしょう。

単語や文の文字指導のこれまで

　アルファベット以外、つまり単語や文の文字指導についてはどうでしょう。子どもたちが単語を目にする最初の機会はおそらく、ピクチャーカードに書かれている文字でしょう。中学年では文字が小さく絵がメインで、高学年になると絵が小さく文字がメインになる、というようなピクチャーカードをよく見ます。例えば、職業を表す単語（fire fighter, florist, nurse, vet など）を教えるために、先生が fire fighter, florist, nurse, vet などの絵と文字の両方がのっているカードを次々に見せながら発音している授業を思い浮かべてください。よくあるパターンです。しかし、ここで思い出してください、

「音声で十分に慣れ親しんだ」上で文字を目にするという学習指導要領の鉄則を。初めての単語を教える時に、文字を出してはいけないはずです。教えたい単語が初めて触れる単語なのか、音声でたくさん聞いた経験のある単語なのかを確認する必要があります。このケースでは「子どもは横に小さく書いてある文字なんか見ていないから大丈夫」とおっしゃる先生もいます。もちろん、そういう子もいることは確かですが、子どもたちをよく観察してみると、文字に注意がいっている子が少なくないことに気づくはずです。そして子どもは3年生で習った知識を応用して勝手にローマ字読みをして、先生がいくら正しい音を聞かせていても、自分の心の中でカタカナ発音気味に音声化して覚えてしまいます。「ローマ字を習った子どもは英単語を見ると無意識にローマ字読みしてしまう」という研究報告もあります。文字に注意資源が取られてしまうので、音だけに全身の感覚を集中させる素晴らしい子どもの能力が封印されてしまうのです。例えばbananaという単語を見てみましょう。naが2回出てきますが、1回目のnaと2回目のnaはまったく違う音なのに、日本語は同じ文字ならほとんどが同じ音ですから、文字を先に見ることで先入観が入り、同じ音で発音してしまいます。

　第1部で紹介した中学1年生のAさんの話のように、従来の中学校の文字指導は、音のインプットが不十分だったきらいがあります。だからこそ、まったく新しい「小学校の文字指導」に期待が集まっています。関連本や教材も次々と出ています。素晴らしい実践報告もありますが、中には高度なものも見られます（「真似しようとしたけど、やっぱり無理でした」という声を時々聞きます）。指導者側の高度な指導力や英語力、または高価な教材や教具がないとできない実践は、多くの先生方にとっては現実的ではないでしょう。「今こそ、誰にでもできる文字指導の決定版を提案したい」──この思いが本書につながりました。

　以上が、小学校の文字指導の「これまで」です。次章からは、「これから」についてお話していきます。

第②章 文字指導のこれから
―― 「読むこと」「書くこと」のメソッド

「先生のお話をお聞きして、文字を見せるタイミングや活動のねらいを考えることなどを意識して取り組んでいきたいと思いました。」

「これまでの文字指導の課題が整理されたようですね。では、いよいよ『これから』の文字指導について、お話していきます。KEET メソッド（→ここ、キーワード）を紹介します。」

「何か高度なメソッドではないですよね。」

「いいえ、これだけは押さえておきたい、基本的な読み書き指導のメソッドで、他の研究者の方が言っておられることや学習指導要領ともつながっていますので、安心して取り組めますよ。」

KEET メソッドの基本的な考え方

　文字に触れる前にたっぷりと音声に慣れ親しんでおくことは、すでに共通認識となっています。文字を介することなく音声に慣れ親しんだその次段階としての、音から文字への指導を提案したのが KEET メソッドです。KEET メソッドは、音と一致させながら文字を習得するための指導法であり、音と文字の習得プロセスに沿って、何をめあてとした指導であるのかを段階に分けて具体化したものです。

2018年にこのメソッドを発表して以降も、KEETメンバーはこの3つのプロセスを踏むための実践的研究を重ねてきました。その具体的な方法は第3部で紹介しますが、ここでは、実際に先生方に意識してほしいことを説明していくことにします。

🔑 **ここキーワード！**

KEETメソッド
KEETメソッドは、京都の小学校や大学などの教員で構成されるKEET（小学校英語教育学会京都支部：Kyoto Elementary school English Teachers）運営委員メンバー（湯川笑子・泉惠美子・田縁眞弓・山本玲子）が、文字指導に関する理論と実践の結晶としてまとめたものです。これまで様々な実践者や研究者の間で議論され理論的にも分析されてきた文字指導のあり方と大きく異なるわけではありませんが、特徴は、小学校教員が中心となるチームで「現場に基づく」知見を「本音でぶつけ合って」生み出したものであることです。その結果、現場の実態に応じた、誰でも実現可能なメソッドとなっています。2018年1月の小学校英語教育学会近畿ブロックStep-upセミナーで報告されて以降、読み書き指導に先鞭をつけるものとして学会や研究会で引用されるケースも増え、KEETメソッドが認知されつつあります。

7つのステップの指導

KEETメソッドでは、以下の7つのステップで順を追って指導していきます。

A. アルファベットの形の認識と名称読みができる

B. アルファベットの音読みがわかる

C. 単語が音素で成り立っていることを認識する

D. 単語が読める（という認識を持つ）―――トップダウンとボトムアップ指導

E. アルファベットの大文字・小文字を4線上に書ける

F. 語や定型文を筆写する

G. オリジナルの文章を書いてみる

*『KEET発小学校英語ハンドブック』(小学校英語教育学会京都支部(KEET)運営委員, 2018) を参考に作成。

「CやDは難しそう。ましてやGは…」とおっしゃる方が多いでしょう。しかし、そのように慎重になっておられるほうがむしろ安心です。逆に理解

が不十分なままGに取り組み、わからない単語は和英辞典を調べさせたり、先生が教えたりして、読めないのでカタカナのふりがなを使い（ジュニア用の英語の辞典はカナ発音がついているのが一般的です）、まだ習っていない語を使った表現活動をさせている授業を時々見ることがあります。念を押しておきたいことは、Gまで進んでいいのは、確実にAからFの手順を経て子どものレディネスができていると判断できた場合だけだということです。したがって、Gまで進められなくても問題ありません。小学校学習指導要領で求めているのもFまでです。

　また、学習指導要領の「読むこと」「書くこと」の目標においては、中学年の外国語活動で「文字の読み方が発音されるのを聞いて、どの文字であるかがわかるように」した上で、高学年の外国語で、その形の認識と名称読みができることや大文字・小文字を活字体で書けることなどを目指します。さらには、文字には名称読み以外にも音（オン）があり、そこから初頭音が分かり、単語が塊として認識できることへとつなげていきます。そして、簡単な語句や基本的な表現の読み書きの初歩ができることまでを目標としています。ここでご紹介するKEETの7つのステップと文科省の指針には全くブレはありません。

　さらに、常に文字より先に十分な音声インプットを与える重要性も大きな共通点といえるでしょう。ここで注意したいのは、KEETメソッドは、「Aに始まりGがゴール」ということではなく、繰り返し何度も何度も行う指導であり、その中では、読みと書きを合わせ、AとEを組み合わせて行うことも、CやDをFと組み合わせて行うこともあります。必ずしも、AからGへの順序性を問うものではないということです。

　何より大切なことは、「ここに書かれていないことをしない」ということなのです。このAからGの中に、「台本として書かれた対話文を読んで、対話を読む練習をする。あるいはそれを暗唱する」などとは書いていません。それは小学校段階では不適切な文字の使い方です。しかし中学校英語のイメージで授業をする先生の間では、このような文字の使い方が浸透していることは本書でも警鐘を鳴らしている通りです。(p.11)

この７つのステップの中で、自信がないという先生が多いと思われる「B. ア
ルファベットの音読みがわかる」「C. 単語が音素で成り立っていることを認識
する」はどちらも、指導者側に一定の経験と知識が必要です。これは音声で知っ
ている語を文字とマッチングする作業だからです。しかし最近、アルファベッ
トジングルを教えていることで、小学校の先生自身が自然と音素の認識をで
きるようになってきたと私は感じています。

活動を通して音と文字の関係を理解する

　中学校学習指導要領では、「音声指導の補助として、必要に応じて発音表記
を用いて指導することもできる」と書かれています。「発音表記」で一般的
に利用されているのが辞書や教科書の巻末などで見かける「発音記号」です。
私は以前から「中学校英語ではカタカナではなく発音記号を使って音を記載
すべき」と訴えてきましたが、発音記号については、むしろ小学校の先生の
方が抵抗がないことがわかってきました。以前、小中高各校種の先生にアン
ケート調査をしたことがあります（アンケート参加者は、中高は英語の教師、
小学校は筆者が講師をつとめた中学校二種免許取得講習『音声指導』の履修
者）。予想通り高校の先生は「発音記号を使って教えている」方が多かったの
ですが、小中については意外な結果でした。中学校の先生が「現実的にカタ
カナを使わざるを得ない」と言っているのに対し、「発音が崩れるのでカタカ
ナは使うべきではない」と回答した小学校の先生が多かったのです。そして
発音記号がアルファベットジングルの延長線上にあることを講義で聞いたた
め、「中学校では発音記号を指導すべきだ」とコメントされた小学校の先生も
少なからずおられました。さらに、「中学校での発音記号の指導への可能性を
考えると、今小学校で教えているアルファベットジングルは意義があると思
えてきました」というコメントもありました。小学校の先生の理解力が高い
理由は、言うまでもありませんが、自分自身がアルファベットジングルを完
全にマスターしておられるからです。

　小学校教員研修などで、発音記号の指導をすることがあります。その際、
アルファベットと同じ形の発音記号を先に導入し、その後、アルファベット

にない記号を指導すると、小学校の先生はあっという間に習得されるのです。それは、文字の形が同じであるだけでなく、発音もアルファベットの音読みと同じである記号が多いからです。

　例えば、b, d, e, f, h, などと同じ形の発音記号 [b] [d] [e] [f] [h] があります。これらの発音記号は、形だけでなく音もアルファベットジングルで習うものとまったく同じです。つまり、小学校の先生はすでに発音記号をある程度習得されていることになるのです。

　私はこの経験から、小学校の先生はアルファベットジングルの指導を通した体験的な学びと発音記号の知識の両方で、音素感覚を身につけられると確信しました。

　ちなみに、第 1 部の復習になりますが、ある音、たとえば ta や su という音から母音を取り去った後に残る t や s という音が音素です。その感覚を教えるのに、実はローマ字がぴったりなのです。ローマ字は、3 年生の国語で書く練習をします。7 つのステップの中の「E. アルファベットの大文字・小文字を 4 線上に書ける」もローマ字の学習と関連しています。つまり、アルファベットの指導は、音も文字もローマ字の指導が深く結びついているということです。次章では、ローマ字について詳しく見ていきましょう。

第③章 ローマ字の指導

「先生、私は今3年生の担任をしています。3年生の国語ではローマ字を教えることになっています。」

「それは大変ですね。3年生というと外国語活動が始まる年でもありますよね。」

「そうなんです。ローマ字こそ、国語と英語の連携が大事だと思うんですが、どうやって連携するのか誰に聞いても『よくわからない』と言われるので困っています。」

「わかります。私も中学校教師だった頃、ローマ字問題でとても苦労しました。そして、その経験を生かしてローマ字研究に取り組んできました。その研究から生み出された連携の方法をこれからお話します。」

3年生はなぜ大変なのか

　3年生は大変な学年です。生活科が理科と社会になってただでさえ先生も子どもも大変なのに、2020年度から（正確には移行措置期間から）、下の表の3年生の欄に示された3つの学習事項の指導が同時並行で進んでいます。*Let's Try! 1*（文部科学省）のヘボン式で書いた自分の名前の頭文字を使った活動をする学校が多いことを踏まえると、ローマ字からアルファベットの指導については、下の表のような配置になります。

ローマ字からアルファベットへの指導の現状

	国語	外国語活動
3年生	・訓令式ローマ字（訓令式ローマ字で使う文字の大文字・小文字）	・ヘボン式ローマ字 ・アルファベットの大文字
4年生		・アルファベットの小文字

本来であれば、国語と英語の文字指導は一貫しているのが理想なのですが、連携の具体的なやり方については現場任せになっています。なぜそのような事態になったのでしょう。また、「どうして訓令式とヘボン式と２つもあるの？」と子どもに聞かれた時、答えられなくて困ったという声をたくさん聞いています。ですので、この問題は丁寧に説明しようと思います。ローマ字問題を理解するためには、日本の歴史をさかのぼる必要があります。

ローマ字の成り立ち

　ごぞんじのように、アルファベットの文字を使う言語は英語だけではありません。フランス語やドイツ語など多くの言語で同じ文字を使っています。この文字はローマ帝国の時代に原型が成立したことから「ローマ文字」と呼ばれます（「ローマ字」とは違うので気をつけてください）。昔から、ポルトガルなどいろいろな国から日本に来た人たちは、ローマ文字を使って日本語を表記する工夫をしてきました。時代によっていろいろな表記法（ローマ字）が混在していたのです。それを統一して現在の「ヘボン式ローマ字」として確立させたのが、幕末に来日したアメリカ人のヘボン医師です。

　ヘボン医師の名前はジェームス・カーティス・ヘップバーン。名女優オードリー・ヘップバーンと同じ苗字です。当時の日本人にはヘボンと聞こえたため、患者たちはヘボンさんと呼び、親しみをもって接していたようです。

　明治時代になると、駅の名前などがヘボン式ローマ字で表記されるようになって、日本に来ていた外国の人たちが便利になったと大喜びしたそうです。身分に関係なく誰もが学校へ行けることをめざしていた明治時代は、文字が読めない人がいないようにするという大きな目標がありました。そうした時代背景の中、日本語は漢字・ひらがな・カタカナの３種類の文字を使っていて覚えるのが大変なので、すべて廃止してローマ字に統一した方が誰もが覚えやすいのでは、と考えた人たちがいました。そうしてヘボン式ローマ字をもとにして、ルールの易しい「訓令式ローマ字」が作られたのです。この時、もし本当にひらがなもカタカナもなくなっていたらと想像するとゾッとしますが、さすがに反対する人が多く、この計画は断念されました。ただその時

作られた訓令式ローマ字だけが、国語科で教えるように定められたまま、今日に至っています。

　2種類のローマ字が存在するのは、このような歴史があるからなのです。まとめると次のようになります。

・**ヘボン式ローマ字**
　⇒外国人と日本人が日本語を読み書きしてコミュニケーションを取ることを目的に作られた。

・**訓令式ローマ字**
　⇒日本人同士でお互いに日本語を読み書きしてコミュニケーションを取ることを目的に作られた。

　このように、「訓令式ローマ字は、外国の人に読んでもらうことを目的として作られたのではない」という理解がまず大切です。日本人同士でわかりあえれば OK なのですから、tu を「ツ」、si を「シ」などと読ませることは全く問題ないのです。国語は当然ながら日本語を教えるのが目的なのですから、「子音の後ろに必ず母音（aiueo）がつく」という日本語の音の特徴を教えるためには、訓令式ローマ字がふさわしいのです。「タ行なら t、サ行なら s を前につけるんだよ」と、明快でわかりやすいのです。小学校英語が始まったからといって、先に存在していた「日本語を教えるための」国語の学習指導要領の内容を、「英語を教えるため」にヘボン式ローマ字に修正することはできない、ということがご納得いただけたでしょうか。

ローマ字をめぐる現場の状況

　現実的には、一番困るのは現場の先生方です。私は中学校教員時代、1 年生の生徒に自分の名前をヘボン式で書かせるのにいつも苦労をしており、次のようなやり取りを何度も経験しました。

生徒：「なぜ小学校で習ったローマ字はダメなの？」
山本：「外国の人には読めないから。」
生徒：「なぜそんなローマ字を小学校では習わされたの？」

　小学校英語が始まってすぐ、「近い将来、この中１問題が小学校に降りてくる」と直感しました。誰もまだ問題視していなかった時代に、私がローマ字研究を始めたのはそのためです。最初の頃は、苦労の連続でした。国語教育に力を入れている小学校の先生から非難されたり、大学の研究者から「ローマ字問題は長らくアンタッチャブルだったのに、よく勇気を出して手をつけられましたね」と変なほめ方をされたりもしました。個人的に親しかった小学校の校長先生とは、こんなやり取りをしたこともあります。

校長先生：うちの教員が国語でヘボン式ローマ字も教えたいと言っているんですよ。

山　本：そうですってね。私が作った教材を使いたいとおっしゃるので差し上げましたよ。

校長先生：でも３年生にヘボン式は難しいから、私は個人的には訓令式でいいと思っています。

山　本：でも高学年になったら結局ヘボン式をやらなきゃならないんだから、子どもたちは二重に大変ですよ。

校長先生：私自身は、小学校の時に訓令式、中学ではヘボン式を習ったけど、苦労した記憶なんてないなあ。山本先生、心配しすぎなんじゃないですか？

山　本：校長先生、ちょっとお聞きしますが、小中学生の頃、さぞかしお勉強はできる方だったんでしょうね？

校長先生：（ちょっと得意げに）そりゃあ、一応。

山　本：では、英語の発音には自信がありますか？

校長先生：いや、それは。英語のテストはよかったけど、「話す、聞く」はまったくできません。

この校長先生と同じようにおっしゃる先生は多いです。先生になるくらいですから、子どもの頃から勉強がよくできて、訓令式ローマ字とヘボン式ローマ字で混乱もせず、さらっと両方マスターできたのだと思います。ここで注意しなければならない点が２つあります。

1. 「勉強が苦手な子どもでも混乱しない」とは言えない。
2. 「訓令式ローマ字とヘボン式ローマ字がなぜあるのか、なぜルールが違うのか」に疑問を持たないということは、逆に「日本語と英語の音の違いに気づいていない」可能性がある。中学校や高校では、英語をローマ字読み（カタカナ読み）しながら勉強していた可能性が高い。

　「他の先生の理解がないので、ヘボン式への切り替えが進まない」という悩みをたくさん聞くので、あえて踏み込んで書きました。同様の経験をお持ちであれば、ここで書いたことを参考に周りを説得してみてください。

３年生での「国語」「外国語」連携の提案

　それでは、学校現場で実現可能な、学習指導要領に沿いつつ問題を解決する方法を提案します。
　Let's Try! では、「３年生で大文字、４年生で小文字」を扱うとなっていますが、学習指導要領上は、中学年の２年間を通して、最終的に大文字・小文字の両方を取り扱っていればよいこととなっています。また国語の学習指導要領では、ヘボン式の指導を禁じているわけではありません。学校の実態に応じて、条件次第でヘボン式の指導をしてよいことになっています。「大文字・小文字はセットで教えた方がわかりやすい」「国語のローマ字や算数でもｇやｍなど、小文字が出ている」などのことを踏まえたうえで、目の前の子どもたちのために一番いい方法を、柔軟に考えましょう。

ローマ字からアルファベットへの指導の提案（「国語」「外国語」の連携）

	国語科	外国語活動／外国語科
3年生	①訓令式ローマ字で表記されたものを読ませたり、書かせたりする ②日本語の音の特徴を教える ③ヘボン式の意味や成り立ちを説明し、ヘボン式ローマ字を教える	④アルファベット（大文字）の名称読みを教える ⑤ヘボン式で自分の名前を書かせる
4年生		⑥アルファベット（小文字）を導入し、大文字とセットで教える
5・6年生		⑦アルファベットの音読みを教える ⑧大文字・小文字の書き方を教える*

　上の表には①から⑧のナンバリングをしていますが、これらは同時並行ではなく①から⑧の順番どおりに指導します（*⑧については、形の認識と名称読みの指導で書き方を入れる場合は、⑦の音読みに先行する場合もあります）。②③以外は、どこの学校でも現在行っている順番だと思います。②③を入れることで、⑤での混乱を解消することができます。

　「国語ではヘボン式を指導してもよいのか」という質問をよくいただきます。もちろん答えはOKです。『小学校学習指導要領（平成29年告示）解説　国語編』（文部科学省）には、「従来の慣例をにわかに改めがたい事情にある場合に限り，第2表（ヘボン式等）に掲げたつづり方によっても差し支えない」（括弧内筆者）と記されています。ある自治体は文部科学省にきちんと問い合わせ、③がOKであることはもちろん、その時間配分まで学校裁量であることを確認しました。つまり、①よりも③の時間を多く設定してもOKだということです。

　②の段階では、簡単に日本語の音の特徴に触れてください。自分の名前を書いたり（子どもは自分の名前を書きたくて我慢できないので、放っておくとどんどん書き始めてしまいます）、50音以外のpya、zyaなどは表を見せる程度で十分です。かーあ、きーい、くーう、けーえ、こーお、のようにすべての音を伸ばして発音すると「あいうえお」になることを実感させ、母音が必ずつくという日本語の特徴を教えましょう。その上で、できれば国語の授業にALTに来てもらって二種類のローマ字を発音してもらってください。ロー

マ字は英語とはまったく違うことが子どもたちにピンとくるでしょう。ヘボン式だと訓令式より日本語に近い発音になること、ヘボン式でも限界があること、そして少しでも近い音を探して昔の人が苦労したことも納得できます。

　また、訓令式では伸ばす母音の上に山型（＾）などの記号を付けますが、ヘボン式にはそのような記号がありません。それも ALT に発音してもらうと子どもたちは日本語のような母音の伸ばし方（長音）は英語にはないということが自然にわかります（英語の二重母音は日本語の長音とはまったく異なります）。促音（つまる音）も同様です。さらに ALT はどこかにアクセントを置いて発音することが多い（下の例ではゴシック体の箇所）ということも。

日本語話者：	Hokkaido
	ほっかいどー
英語母語話者：	Ho**kai**do
	ほ**かい**ど

　さて、まだ 2 つの問題が未解決であり、その問題と解決法を下にまとめます。

問題点	解決法
1．文字の書き方の指導の期間が空きすぎている 国語①（ローマ字で書く指導）と外国語⑧（大文字・小文字の書き方）の間に、1 年以上のタイムラグがある。	国語のローマ字指導では読めることの方を優先し、書く指導はスパイラルに学習していけばよい。本格的にするのは外国語⑧（高学年）でよい。
2．小文字の導入のタイミングが違いすぎる 国語①ですでに大文字と小文字の違い（「名前の最初は大文字」など）を教えているのに、英語では 3 年生で大文字、4 年生で小文字、とタイムラグがある。	子どもが混乱しそうであれば 3 年生外国語活動で常に大文字・小文字の両方を提示する（A/a のように）のは可。

　1 の解決法についてですが、実はローマ字は、社会に出た時に読むことが多く、書く必要のある場面は自分の名前以外ではほとんどありません。そこで私は、「かさ」「えんぴつ」などをローマ字で書く練習を避け、sushi のように

英語圏でも使われるローマ字や pen のように英語の綴りと同じローマ字だけを集めた練習帳を編纂しました。しかもその練習帳には実際に書くスペースは少ししかありません。それで十分なのです。その教材を使って小学校3年生に指導したところ、書く量の多い一般の練習帳を使ったクラスよりも、ローマ字テストの点数が高いという結果が出ました。

　2の解決法は、3年生の外国語活動で小文字も扱ってしまうということですが、実際は算数でも小文字に慣れ親しんでいますので、ごく自然な流れなのです。専門家の中には、さらに進んで「小文字と大文字はセットで習得させるべき」「いやいや、文字の成立した歴史から考えるとむしろ小文字を先に教えるのが理にかなっている」という声もあるほどです。そこまでするのはよほど専門的知識に自信がないと難しいかもしれません。基本的には上述の2つの解決法で十分です。

Let's Try! との連携

　Let's Try! 1 では、名前の頭文字をお互いに聞き合うという活動を行います。ローマ字を習ったら子どもがまずやりたがるのが自分の名前をローマ字で書くことです。誰にとってもそうですが、とりわけ子どもにとって名前ほど身近で大切なものはありません。子どもは、ほうっておくと訓令式でどんどん書いて覚え始めるので、*Let's Try! 1* の活動の時にまたひと騒動起きてしまいます。したがって、この活動をするまで国語科で訓令式の導入を待つか、訓令式からヘボン式まで一気に済ませておく必要があります。

　これは実際に見た授業ですが、先生が「あなたの頭文字は？」と1人ずつに聞き、答えた文字のカードをあげるという活動の中で、藤原さんという男の子が嬉しそうに「H」と答えたのです。先生は一瞬固まり、次の瞬間「Fですね！」と笑顔でFのカードを渡しました。藤原さんはけげんそうな表情でしたが何も言いませんでした。上述したように訓令式とヘボン式の導入を調整すれば、このようなことも起こらなくなるのではないでしょうか。

こんなふうにやってみましょう！⑩
ローマ字指導—国語と英語との連携—

訓令式とヘボン式を連続で指導する

　実際に小学3年生で行った授業実践を紹介します。

　ローマ字の存在理由を納得してからローマ字学習を開始した方が、子どもの学びへの姿勢が向上することがアンケート調査からわかっています。そこでまず最初に、ローマ字が生まれた歴史を簡単に紹介しました。そして、「最初に勉強するのは、日本語の特徴を理解するために作られた『訓令式ローマ字』という簡単バージョンです」と言ってから訓令式を導入しました。

　訓令式ローマ字の指導は国語科において長い歴史があり、「ルールが一定で教えやすい」という評価も定まっていますから、ここでは実践例は割愛します。

　国語の授業で、「訓令式の直後にヘボン式の指導を連続して両方行う」というこの新しい提案は、決して苦肉の策で生み出したのではありません。連続で指導するからこそ日本語の特徴と英語の特徴をそれぞれ明確に指導できることから、国語にとっても有益であるという積極的な理由から推奨するのです。中学校国語教員の経験もある私が自信をもって言える結論です。

 Notes

　ここで紹介する実践では拙著『ヘボンさんものがたり』という絵本を使って導入しました。同書に書いてある歴史を簡単に話して聞かせることも可能です。（絵本を希望される方は巻末の著者《山本》の大学宛にご連絡ください。）

ヘボン式ローマ字への移行

　いよいよヘボン式への移行です。もし３年生国語で時間が足りなければ３年生外国語活動や情報教育の時間に行ってもかまいません。以下、実践例を紹介します。この先生と子どものやり取りは、実際の授業を正確に再現したものです。子どもたちは一生懸命思考しています。そして、ローマ字が日本語を完全に表記しているわけではないことを、自分で理解し、納得していく過程が明らかになっています。

T ：訓令式はこれでもうわかりましたね。か行はｋの後ろに…

S１：aiueo をつける！

T ：そう。すべての音を伸ばしたらアイウエオになるのが日本語の特徴だということが、よくわかったよね。じゃあ今日から、外国の人にも読んでもらえるヘボン式ローマ字の勉強に入ります。

S２：ヘボンさんが考えたローマ字だよね。

T ：そうです。カキクケコはヘボンさんも同じ字を使いました。じゃあ、続けていきましょう。さ行は aiueo を…

S２：ｓの後ろにつける！

T ：そう。(黒板に sa si su se so と書く)
アメリカの人がこれを読んだらどうなるかな。よく聞いてね。
「サ、スィ、ス、セ、ソ」
＊ALT がいれば実際に発音してもらうとなお良い。

S３：あはは、「スィ」って変なの。

T ：変だよね。ちゃんと「シ」って読んでほしいよね。でないとドラえもんのしずかちゃんが「すぃずかちゃん」になってしまうものね。
(si に赤で×をして、shi と黒板に書く)　こうすれば、「シ」と読んでもらえます。じゃあ、ラリルレロを表すのに、ヘボンさんはどの文字を使ったかな？

S１：ｌかな。

S２：いやｒでしょ。そう習ったじゃん。

T ：じゃあ l だと思う人手を挙げて。次に r だと思う人。わからない人。…ちょ

うど３分の１ずつですね。じゃあ正解を言います。ｒです！

S3 : えーっ、でもｒだったらヘンだよ。ra、ri みたいになっちゃう（正しいｒの発音で）。

T : すごいね、その通り。じゃあｌならいいと思う？

S4 : la、li...これも日本語のラリルレロとは違うよ。

T : そう。ヘボンさんも、ｒでもｌでも日本語のラリルレロは表せないから、きっとすごく困ったと思うよ。そしたら、もうどっちか無理やり選ぶしかないでしょ。

S3 : そうか。それでたまたまｒを選んだだけなんだね。ヘボンさんが「どちらにしようかな、天の神様の言うとおり」ってやったのかもしれない。もしかしたらｌになってたかもしれないんだ。あー、よかった。ぼくはｌだと思ったけど、間違えたわけじゃないんだ。

📖✏️ **Notes**

　最近は日本国籍ではない子どもが教室にいることは当たり前になってきました。以前、こんな経験をしたことがあります。Lily という名前の子がいたのですが、「なぜ Riri って書かないの？」などとお友だちに聞かれている姿を見ました。ローマ字でラリルレロはｒを使うと習っていて、ｌを名前に使うという感覚がないからです。そしてそのことをその子も先生もうまく説明できませんでした。しかし、ヘボン式が生まれた経緯を教えることで、訓令式はおろかヘボン式でさえ不完全なものであるという事実を伝えることになります。そういう授業を受けていれば子どもたちも納得してくれることと思います。

　ローマ字の知識だけにとどまらず、ローマ字を足掛かりにして、世界には日本語にはない様々な音があることに気づき、視野を広げる子どもを育てていきたいと思います。

ヘボン式ローマ字学習と *Let's Try!* の連携

　ヘボン式ローマ字の学習が終わったら、すぐにそれを使ってコミュニケーションする体験につなげることが望ましい順番です。本書で提案している指導をすべて手順通りに実践してくれたある小学校の実践例を紹介します。

〈1 時間目〉

T　：ヘボン式ローマ字の表を見て、今から自分の名刺を作りましょう。（名刺大の白い厚紙を 1 枚ずつ配布する）

Ss　：（友だちと相談し合いながら、自分のフルネームをフェルトペンで書き込んで名刺を作る）

T　：苗字と名前の最初は大文字でしたね。わからない人は先生に聞いてね。みんなできましたか？　では 1 時間目の国語の時間はこれで終わります。2 時間目の外国語活動でもその名刺を使うから、なくさないように。

〈2 時間目〉

T　：（ALT と一緒に教室に入ってくる）**Do you have your name card?**

Ss　：**Yes!!**

ALT：**Hi, class. Come to me and show me your card!**

Ss　：**Yes.**（児童が 1 人ずつ並んで ALT に名刺を見せに行く）

Taro：**This is my card.**（自分の作った名刺を ALT に渡す）

ALT：（名刺のヘボン式ローマ字を音読する）**Yamada Taro. OK?**

Taro：**OK! My name is Yamada Taro.**

ALT：**Hi, Taro. Nice to meet you!**

Taro：**Nice to meet you, too!**（ハイタッチ）

この実践のポイントは、子どもが自分から"My name is ...."と自己紹介するのではなく、"This is my name card."と言いながら自作の名刺を渡すことです。ALTが文字を声に出して読んで、正しく名前を発音してくれる体験は、国語の時間に習ったローマ字が実際に使える生きた知識であることを実感させてくれるはずです。

　国語と英語を同じ日に連続して指導できるジャストなタイミング（しかもALTが来てくれる日程で）を合わせることができるのは担任です。特に3年生では、国語と英語の両方を同じ先生が担当することのメリットは計り知れないことを強調したいと思います。

Notes

　名刺を作る時は、あえて先生がチェックせず子どもが書いたままでALTに見せるようにします。中には、自分で考えて書いたローマ字が間違っていて、きちんと読んでもらえない子もいます。そういう子はすぐに自分の席に戻って、どこが間違っていたのかを思考して書き直し、またALTのところへ持っていけばよいのです。最終的に正しく読んでもらえた時、喜びが倍増するはずです。テストで×をもらって直す作業よりずっと心が動く体験であることは間違いありません。

　また、ヘボン式ローマ字であっても日本語の音をすべて正確に表記することは不可能であることへの気づきにもつながります。ALTが読む自分の名前の発音がどうしても日本語らしくならない時に、英語と日本語の違いにも気づきます。ALTのところから戻ってきた子どもに「どんなふうに発音してもらった？」と先生が聞いてみるのもいいでしょう。「Ya-MA-daのように2番目の音にアクセントがついてた」などの発見があれば、思いっきりほめてあげてください。

第❸部

音と文字の指導の実際

―KEETメソッド 7つのステップ―

第3部では、次頁に再掲した KEET メソッドの7つのステップを順番に焦点化します。

　第1部、第2部とは構成を変えて、ベテラン先生による実践の紹介をメインに置き、その中で7つのステップを確実に踏んでいくための指導法と活動、およびそのためのワークシートなどを、具体的に紹介していきます。実践紹介の後は、ステップごとにその指導法を支える考え方や留意点が続きます。そちらを先に読んでいただいてもかまいません。

　7つのステップは、ステップAからDまでの指導が終わるのを待ってEをスタートするわけではありません。EからGは文字を書く指導であり、実際には、Aの文字の認識でも、Bの音素の指導でも、書く活動を組み合わせて行うことが多いです。

　また、そこでは、相手に伝えるために、といった目的を持った活動を通し、単語を塊として認識させ、語順を考えさせたり、文字を書くこと自体のルールにも気づかせる「書く指導」も含まれています。

　小学校高学年で英語が教科となり、それまでの外国語活動の見直しが進む中で、「ゲームとチャンツの時代は終わった」という声が聞かれるようになりました。確かにゲームやチャンツは「楽しければよい」活動になりがちで、不自然なリズムのチャンツに代表される「目的がはっきりしない活動」が存在しました。だからこそ第3部では、「どのステップに対してどのような活動を行うのか」を明確に示しました。また、中学校では昔から「○○ゲーム」という語を使用しており、その語自体を英語教育から排除するのは適切ではないと考え、第3部においても、「活動」の一種として「ゲーム」ということばを使用しています。

KEET メソッドの 7 つのステップ

A. アルファベットの形の認識と 　名称読みができる	
B. アルファベットの音読みがわかる	
C. 単語が音素で成り立っていること 　を認識する	
D. 単語が読める（という認識を持つ） 　――トップダウンとボトムアップ指導	
E. アルファベットの大文字・ 　小文字を 4 線上に書ける	
F. 語や定型文を筆写する	
G. オリジナルの文章を書いてみる	

A. アルファベットの形の認識と名称読みができる

　文字の形を認識させるための指導は、対象となる児童の発達段階や認知レベルによって異なってきます。一人ひとりの差を考慮に入れながら、出口のイメージを子どもたちと共有し、じっくりスパイラルに指導を進めていきましょう。

　小学校の文字指導では、3年生で大文字に、さらに4年生では小文字に慣れ親しみ、5年生では大文字・小文字の形を識別した上で、認識し発音する、という指導が多いでしょう。しかし実際に現場で指導していると、低学年ですでにかなりの数の子どもたちがアルファベットの文字の認識ができるようになっていることに気づかされます。だからといって、拙速な指導にはならないように注意をすることが大切です。

❶身の回りにある英語の文字に気づかせ、その形を認識させる。

❷児童の発達段階に合った指導を心がける。

❸全体からグループ、ペアから個人へと活動にバリエーションをつける。

みんなで作ろうABC

準備物	アルファベットポスターまたは指導用アルファベットカード ABC ソングの音源（CD またはデジタル教材）				
グレード	低・中学年向け	形態	クラス全体活動	時間	7 分
概要	❶ ABC の歌を歌う。　❷体を使ってアルファベットの文字を表す。				

▼指導例

> T ：Let's sing the ABC song.（黒板に、大文字のアルファベットポスター
> 　　またはアルファベットカードを貼り、指し棒などで押さえながら一緒に歌う）
>
> T ：Can you make "C"?（教師が体を使って、Cの形を作って見せる。
> 　　児童にも同様のことをさせる）Good job! How about "Y"?
> Ss：（Cの場合と同様、教師のまねをして体を使ってYの形を作る）
> T ：（教師が一人で文字を体で表した後、一人の児童を前に出して）
> 　　A-san, let's make "B".（教師と児童の2人で形を作る）　Do you
> 　　see? You can make it with your friend. Make pairs and say
> 　　the alphabet and make the shape.
> Ss：（黒板に貼ってあるポスターやカードを参考に、文字を体で作る）

＊小文字の場合は、手指を使って形を作
　らせることもできます。この活動を行
　うことで、bとdなど文字の向きを間
　違える児童が目に見えて減りました。

＊正確に体や手でアルファベットを表す
　のは至難の業です。この活動を行いな
　がら、児童は何度もアルファベットの
　形を確認します。そこで形の認識が進
　むと考えましょう。

略語を考えよう

準備物	児童用アルファベットカード（大文字） 指導用アルファベットカード（大文字）				
グレード	高学年向け	形態	クラス全体およびグループ活動	時間	10分
概要	❶アルファベットの文字の略語の例を確認する。❷略語を出し合う。❸略語を書く。				

▼指導例

T ：（黒板に大文字のアルファベットカードを貼る）

Do you know what this means?（と言いながら、ATM と 3 つのカードを抜いて並べる）

S1：あ、知ってる！　銀行だ。

T ：Yes. You see this sign at the bank. It means "Automatic Teller Machine". Automatic, 自動.　Teller, 銀行員.
Machine, 機械.　OK? Can you think of any other signs like this?（ペアやグループで，大文字 2 字以上からなる略語をできるだけたくさん考えさせる。CD / USA / PTA / WHO などがあがることが想定される）

T ：What alphabet signs do you know?　Let's get together as a group（両手でボールのような形を作り、グループのイメージをさせる）and think（人差し指を頭に当てる）. You can write them on the sheet.（文字を書くジェスチャーを見せてから、各グループに紙を配付する）

T ：じゃあ各グループからどんなものが出たかを見ていきましょう。
（それぞれあげられたものを板書していき、出たアルファベットにチェックを入れる）

＊略語は英語では、abbreviation と言いますが、この指導例では児童にわかりやす
　いように、意味の近い語 signs に言い換えています。

＊最後にみんなで略語を読み上げたり、まだチェックのついていない文字を使う略
　語をクラス全体で考えたりするとよいでしょう。

＊高学年を対象に他教科での学びを生か
　し、国際機構の名称、外国の国名の省
　略形、国際空港の省略名称なども紹介
　すると、より児童の興味を惹きつける
　ことができます。

＊調べ学習として児童に取り組ませ、書
　く活動にすることもできます。

アルファベットを使った略語の例

■生活

AED	Automated External Defibrillator
DIY	Do It Yourself
HB	Hard Black
PTA	Parent-Teacher Association
QR	Quick Response
WC	Water Closet

■科学・コンピュータ

AI	Artificial Intelligence
CG	Computer Graphics
PC	Personal Computer
UFO[*]	Unidentified Flying Object

　＊「ユーフォー」ではなく「ユー・エフ・オー」と読む。

■スポーツ

IOC	International Olympic Committee
NBA	National Basketball Association
MVP	Most Valuable Player

■国名・地名

JPN	Japan
NY	New York
USA	(the) United States of America

■社名

ANA	All Nippon Airways
CNN	Cable News Network
JR	Japan Railway

仲間を集めよう

準備物	児童用アルファベットカード（大文字）、指導用アルファベットカード（大文字）				
グレード	中・高学年向け	形態	個人活動	時間	7分
概要	❶形に着目して、アルファベットカードをグループ分けする。 ❷アルファベットカードから家族の名前のイニシャルを選び出す。				

▼指導例

〈パターン①〉

T ：アルファベットカードを自分の机に置きましょう。I say the keyword. And you find the cards.　No1... "LINES".　直線だけでできている文字のことでしたね。

A, E, ...（と、言いながら A , E のカードを黒板に貼っていく）What's next?

Ss：F.

T ：That's right.　Line, here.　Line, there.（文字が直線で成り立つことがわかるように示す）Now, it's your turn.　Can you find more letters in the LINE group?

＊ 教師は机間指導の後、アルファベットの文字の名称を言いながら答え合わせをする。同じように曲線（curves）を含む文字や、左右対称（symmetry）の文字を問いかける。

〈パターン②〉

T ：次は家族の名前です。What is your family name's initial?
Put the card up.
（全員が自分の名字のアルファベットのカードを机に置いたことを確認し
てから、自分の名前のアルファベットについて英語で聞かせ、見本を見せる）
My name is Nakano Yuji. So, I put N here. （黒板にNのカード
を貼る）
My first name is Yuji, so I put Y. （その隣にYを貼る）
How about your first name? （同じようにカードを置かせる）
My father's name is Masashi. So I put M here.
My grandfather is Kiyoshi. So, K here.
My sister is Yui. I put Y here.
（などと言いながら、兄弟や親戚などの名前の頭文字のカードを置いていく）
Can you do it too? OK. Let's start.

＊目的を持たせて、文字を認識しながら選ぶ活動に児童は喜んで取り組みます。
＊家族の話題に配慮すべき児童がいる場合は、アニメのキャラクターや物語の登場人
物など、柔軟に考えればよいでしょう。
＊最後は、"Tell your friend." と指示して、教師が問いかけたり、児童同士で言わせ
たりしながらアウトプットもさせるようにしましょう。

　ある研修会で、小学校の先生方にこう問いかけました。「アルファベットの小文字を名称読みできる力を評価する学年は？」全員が「4年生です」と答えました。*Let's Try!* では3年生で大文字、4年生で小文字が出てきますから、正解ですね。けれど、英語の基礎力というのは、積み重ねであることを忘れないでいただきたいと思います。もちろん、通知表に反映される成績としては、それで問題ないでしょう。しかしせっかく自己評価のための振り返りシートやCan-Doリストが定着している小学校英語ですから、こういうところでこそ活用していただきたいと思います。

めあてカードのすすめ

　その研修会のグループワークでは、先生方に「ここまでできるようになったらいいな」という理想をもとに、3年生から6年生まで学年ごとにアルファベットのCAN-DOリストを作ってもらいました（一例を下に示しました）。作成したCAN-DOリストをもとに交流すると、先生方の本当の思いが出てきました。

小文字の CAN-DO リストの例

	アルファベット小文字の CAN-DO リスト	達成
3年生	形を見て名前がわかる小文字がいくつかある（大文字と同じ形など）	
4年生	ほとんどの小文字の形を見て名前がわかる	
5年生	ほとんどの小文字の名前がわかり、名前を聞いて書くこともだいたいできる	
6年生	すべての小文字の名前がわかり、名前を聞いて書くことも完全にできる	

　通知表とは関係なく、3年生から6年生の子どもたちが各自4年間使える「めあてカード」を作り、そこに上の表にあるようなCAN-DOが書かれているとよいと思います。そして学年の終わりに、達成できたと思う項目に○をさせ

るのです。早い子なら4年生で6年生のところまで全部○ができる子もいるかも知れません。逆に、6年生になっても5年生のところまでしか○ができないまま卒業していく子もいるかも知れません。大切なのは、3年生のうちから「4年間で何ができるようになるのが目標か」を可視化してあげて、具体的に自分の進歩を確認しながら進ませてあげる環境づくりです。

　教科になることで、成績がつくようになり英語嫌いが増えると心配される向きもあるかもしれませんが、むしろはっきり見えているめあてに向かって「がんばれる」子どもが育つようになる、とプラスの面に目を向けましょう。

　中学校教員時の経験から言って、アルファベットの形と名前をスローラーナーも含めた全生徒に完全に定着させることは、簡単なことではありません。しかし1学期の間にそれをしなければならなかった中学校と違い、4年間かけてゆっくりそれに取り組める小学校なら可能性は大いにあります。この表のCAN-DOにあるように6年生が全員「すべての小文字の名前がわかり、名前を聞いて書くことも完全にできる」状態で中学生に進学するとしたら、中学校の先生はどんなに助かるか知れません。「もうそれだけで十分」と思っている先生はたくさんいるはずです。「そんなに期待値が低いのか」と意外に思われる小学校の先生もおられるでしょうが、「たかがアルファベット、されどアルファベット」です。アルファベットの指導はそれほど甘いことではありません。

　実際に例で示したようなカードを作って4年間、子ども自身に自分の学びを調整させ続ける実践をしている学校も出てきています。たとえば京都のノートルダム学院小学校では、「英語パスポート」という子ども向けのCAN-DOリストを英語の最初の授業時に子どもたちに持たせ、学年が上がってもずっと同じパスポートを使わせています。全学年の子どもたちが同じめあてを目指して取り組めるだけでなく、学年が変わって違う先生になっても、同じめあてで指導が継続できます。一人ひとりの子どもについて、何年生で何がどこまでできるようになったかがわかれば、先生もとても助かると思います。今後、同じような取り組みをする学校が増えていき、その実践をお互いにシェアできるとよいと思います。そうすれば、子どもたちが自分の力を評価する

ための精度の高い CAN-DO ができていくと思います。

文字の形で遊ぶ時期が大切

　実践編で「直線だけの文字」「曲線がある文字」を選ぶ活動が紹介されています。たったこれだけのことに子どもたちが夢中になるのはなぜでしょう。特に低学年や中学年の子どもは、日本語とは全く異なる英語の文字の形にとても興味を持ちます。正しく書けることを求めるのは何年生の何学期と決めたら、それ以前は間違っていてもよいのでゲーム感覚で親しむ時期をたっぷりゆっくり取るのが理想です。それにより、子どもたちは楽しみながら文字の形と音のイメージを一致させていくからです。初めて見る英語の文字の形に、豊かなイメージを膨らませ記憶に残す時間をたっぷり作ってあげることで、かつての中学生が味わっていた「アルファベットを丸暗記する苦痛」「何度も書いて手に覚えさせる苦痛」は過去のものになるでしょう。小学校で書く指導が始まったからと言って、「ひたすら書く練習をさせる指導」が奨励されていない理由もそこにあります。

B. アルファベットの音読みがわかる

　すでにたくさんの指導法が現場には紹介されていますが、英語の専門家ではない担任中心の指導で、検定教科書が使われるという想定のもと、子どもにとっても指導者にとっても一番「負荷がかからない」方法をここではご紹介したいと思います。

　小学校で教え始めた最初の頃は、子どもは習った単語や表現を覚えるのは早いですが、忘れるのも早いことに驚かされ、がっかりさせられました。「以前に教科の名前は習ったでしょ？」と言ってみても仕方がありません。教室外ではほとんど英語で言うこともなかったのですから…。でも音と文字の関係だけは、その過程を丁寧にしっかり指導すると、子どもたちは不思議なことにその結びつきを二度と忘れません。階段を一つ上ったような達成感があるのかもしれません。教えがいがあるので、ついつい教えたくなってしまうのですが、そこは我慢です！　子どもたちの気づきを気長に待つようにします。ここでは下の3つのポイントを押さえましょう。

ポイント

❶さまざまな活動で何度も文字を見ながら音に触れさせる。
❷最初はスタンダードな音源を十分に使う。（ICT教材の活用）
❸気長に指導。教え込もうとしない。

What starts with the letter "d"?

準備物	アルファベットジングルの ICT 教材またはポスターと CD などの音源、（同じイラストの）児童用チャート、アルファベットカード				
グレード	全学年向け	形態	クラス全体活動	時間	5分
概要	3ヒントクイズをする。（頭文字を決め手のヒントにする）				

▼指導例

T ：（ジングルで十分に慣れ親しんだチャートを黒板に貼る、あるいは教科書を開いてそのページを見ながら）**Let's start the Quiz Time. Look at this chart.**（ジングルの表あるいは児童の前にあるチャートを示しながら）**I'll give you 3 hints.**（3本指を立てて、スリーヒントであることを示す）先生が何を見ているか当ててね。

T ：Hint No.1. It's an animal.

Ss：Elephant! Cat! Fox!　（口々に）

T ：OK. I'll give you Hint No. 2. It's a pet animal.

S1：ペットだって。cat かな？

S2：いや、rabbit かも。Dog もいるよ。

S3：More hint, please.

T ：It starts with the letter "d".
　　（d のカードを見せながら）

Ss：わかった。It's a dog.

T ：That's right!

　＊　アルファベットジングル活動（p. 30）のあとに行います。

　＊　スリーヒントゲームは児童にはなじみのある活動ですが、そこにヒントとして初頭の文字を入れる習慣をつけるようにします。

BINGO

準備物	アルファベットビンゴシートまたはアルファベットジングルのポスターなど （音源：CD またはデジタル教材）				
グレード	全学年向け	形態	クラス全体活動	時間	7 分
概要	❶教師の言った文字の名前を聞き、ビンゴシートの任意のマスに書き入れる。 ❷ビンゴゲームをする。教師が示したカードとその発音を聞き、シートに〇をつける。				

▼指導例

T ：（アルファベットビンゴシートを配付してから）Let's start BINGO.
I'll say the letter name. どこのマスに書いてもいいですよ。Are
you ready?（カードをシャッフルしながらx 以外のアルファベットを
読み上げる）

〈パターン①〉

T ：I'll choose one card. Ready? Go! "b"（「ビー」といいながら文字
を示す）You say, "[b] [b] bear", and mark the letter.

Ss ：[b] [b] bear.（言いながら、b に印をする）

〈パターン②〉

T ：I'll choose one card. Ready?（クマの絵が描かれた文字なしカード
を示す）What's this?

Ss ：Bear!

T ：Right. Bear. Bear. Bear.

Ss ：あ、わかった、b だ！ （b に印をする）

＊ ふつうのビンゴの遊びと同様、シートのマスのたて・よこ・ななめのいず
れか印が並んだ児童は「BINGO!」と言う。

＊アルファベットジングル活動（p. 30）のあとに行います。

＊おなじみの BINGO の歌をみんなで歌ってスタートしても楽しいでしょう。

＊ビンゴは、シートに丁寧に文字を書かせたり、初頭音と文字を結びつけたりするこ
とを、目的を持って短時間で何度もさせられる効果的な活動です。

＊印が並んだとしても「BINGO!」と言わずに続けさせ、一通り読み上げが終わった時
　点で、BINGO の数を競う活動にすることもできます。

＊隣同士でお互いのカードは見えないようにし、自分が印をしたいところの文字を順
　に言い、最後に BINGO を数えるといったペア活動もできるでしょう。

【ワークシート例】

　音と文字の指導に使うワークシートは、正しい文字を丁寧にきれいに書か
せることとは意図が少し異なります。もちろん、音がわかっていても文字を
間違えれば意味がないので、（児童の中には、ｂという音がちゃんと聞き取れ
ていても、形の認識に混乱していてｄと書く子もたくさんいます）音声と結
びつけて文字を書かせる場合には、セーフティーネットとして同じワークシー
トにアルファベットを入れておき、書写ができるようにしてあげるとよいで
しょう。最初は、そこで文字を確認しながら書写し、しだいに自立して書け
るようになることが、書く指導にもつながりますね。

　また、ダウンロードできるアルファベットビンゴシートは、様々なバリエー
ションで使うことができますので、聞く活動にも言う活動にも活用するとよ
いでしょう。

　アルファベットの「名称読み」は、日常生活やABCソングなどで、子どもたちはなじみがあります。しかし本当にコミュニケーションの場で読んだり書いたりして使うものの多くは、「音読み」です。英語の単語や文章を目にした時、「だいたいこんな音かな」と予想がつけられるかつけられないかで、子どものその後の学びには大きな差がついてきます。

初見の英文を音声化できる力はなぜ必要か

　小学生で始まる読みの指導が将来のリーディング力に直結することは、意外と意識されていません。小学生から大学生までを通して指導していると、そのことがはっきりと見えてきます。私は大学で多読の授業を担当しているのですが、多読のためのグレイディッド・リーダーズを大学生に読ませていると、考えさせられることがあります。英語の習熟度に関係なく、自分の語彙力や文法力で何とか意味を想像できるレベルの本を何冊も読み進めていくと、結果として読むスピードや理解度が向上し、そこで本のレベルを上げ、語彙数の多い本に移行していく、というのが通常の大学生がたどるプロセスです。そのプロセスから脱落してしまう学生は飽きたり忍耐力が足りなかったり、という個人の意欲の問題であることがほとんどです。ところが、英語学習への意欲も努力する姿勢も申し分ない真面目な学生が、いつまでも英文の意味を理解できるようにならない、というケースがたまにあることに気づきました。そしてその理由は、「初見の英文を見ても、一切音声化できない」ことが原因であることが多かったのです。「音読してごらん」というと、*Oxford Reading Tree* シリーズのような簡単なものでも、ところどころ発音がわからなくてつかえてしまうのです。話を聞いてみると、やはり思った通りでした。高校までの勉強では、カタカナでフリガナをつけたりローマ字読みでごまかしたりしていたというのです。中学校までは初見の英文を読まされる機会はほとんどありませんし（今後は変わっていくはずですが）、高校でも、教科書しか読ませない学校はまだたくさんあります。教科書は先生が先にCDなどを聞かせることが多いので、初見の英文を音声化する必要性はな

かったということです。

　ここで大切なことは、「人間は、自分が音声化できない文章は、意味を理解することはできない」ということです。私はこのことを大学院の授業で習った時、思わず挙手して教授に質問しました。「先生はそうおっしゃいますが、英語はまったくできない私の父は、退職後の趣味で、辞書を引きながらラテン語で聖書を読んでいます。ラテン語の音声など聞いたこともない父が、意味を理解して読めているのはなぜですか」と。するとその教授はこう言われました。「それはお父様が、ラテン語の綴りと音の関係を自己流で脳内に作り上げて読んでいるからです。ラテン語のようにモデルとなる音声が周りにない言語の場合、抵抗なくそういう状態になることが可能です。おそらく無意識でやっておられるのだと思います。」文字を音声化できる力、文章を音声化できる力がとても大切なこと、そして音の感覚のすぐれた小学生のうちに、この力をはぐくんでいく意義をご理解いただけたと思います。

教え込まない、そして繰り返すことの大切さ

　ベテラン先生が「教え込もうとしない」ことを強調していたのには意味があります。第2部でご紹介した英語の成績はよかったが「話す、聞く」はだめだった校長先生の話を思い出してください。こと英語の文字と音の関係においては、要領がいい必要はありません。わかったふりをしてごまかして進んでも本当に使える英語力は身につかないことを思うと、むしろマイナスかも知れません。本当に使える英語力を身につけるための道のりを正しく歩んでいくための、土台となるのがこのステップBです。実践編で紹介している活動では、既習の語彙を繰り返すことが前提です。それは、1回目では気づかなかった子どもが2回目、3回目で気づくかもしれないからです。自分で気づくことが必要だからです。そしてそれはまさに、母語を習得していくプロセスと同じです。母語習得プロセスをベースとした7つのステップであることが、このステップBで特にはっきり見えてくるはずです。一人ひとり違う子どもの思考、子どもの気づきを、急ぐことなくゆったりと、そして愛情いっぱいに見守ってあげてください。

C. 単語が音素で成り立っていることを認識する

　ステップＢの指導で、歌やお経のように教室でジングルを言っていた子たちに、生涯にわたって英語学習を支える「読み書きの力」をつけるため、先生にもうひと頑張りしていただきたいのがこのステップＣの指導です。音と文字の結びつきがわかり始めた子どもたちの背中を押すのは、先生の励ましと、子どもたち自身の文字（というよりむしろ文字で書かれたもの）への純粋な知的好奇心ではないかと思います。自分のＴシャツに書かれた文字や街中で目にする英語の看板・標識などを、「読んでみたい」と思う気持ちが高まったら、ステップＣの指導をスタートするレディネスが育ったということです。先生の役割は、次の２つの指導を行うことです。

---

①英語の単語や表現を、文字を示しながら読んで見せること（トップダウン）

②文字の足し算や引き算を児童と一緒にして見せること（ボトムアップ）

---

❶教えるのではなく、さらっと気づきの後押しをする。

❷児童間の理解の差にも十分に配慮する。

❸外国や英会話スクールのメソッドをそのまま持ち込まず、クラスの状況に合わせた小学校にふさわしい指導をする。

お話を使った読み聞かせ文字指導

準備物	絵本・児童が使っている検定教科書に収録されているお話など（デジタル版あるいは大型本、ピクチャーカードなど児童に提示できるもの。音源はデジタル版または CD）				
グレード	全学年向け	形態	クラス全体活動	時間	7分
概要	教師が読む英文を 1 回聞いた後、紙面を見ながら再び聞く。キーワードの前で止まったら、キーワードを言う。				

▼ 指導例

〈パターン①（単語レベル）〉

T ：（1 回読み聞かせが終わってから）**Now, I'm going to read the story again. Please look at the book.**（デジタル本の場合は指し棒などで、大型本は読み手の指で単語を示しながら、2 回目を読み進める）

T ：**"Purple cat, purple cat, what do you see? I see a white (↗) ＿＿＿."**（dog の文字を押さえながら　児童の方を見る）

Ss ：**"DOG looking at me."**

T ：**Good job!**（その後も読み続ける。再び、児童が絵の助けと記憶で読めそうな簡単な単語があれば、同じようにその単語を押さえながら待つ）

Brown Bear, Brown Bear, What Do You See? を使って

〈パターン②（文レベル）〉

T ：**"Look, Dad. This dog is very small."**（次の行は児童が読むということを指で示しながら）**One, two....**

Ss ：**"Look, Ben."**

T ：**Good! "This ant is very (↗) ＿＿＿＿."**

Ss ：**"big."**

CROWN Jr. 5 を使って

＊活動に入る前に、ALT あるいは教師が読み聞かせをしておきます。音声は音源を利用してもよいでしょう。

＊読み聞かせには色々な指導法がありますが、ここでは初頭の文字を音声化したり、既知の単語の音声を思い出したりしながら何とか読もうとする児童の後押しをすることを意図しています。

＊絵本や教科書を使って、音声で何度か聞いて、絵を頼りに意味もわかる文は友だちと一緒なら読めるという体験を重ねさせます。

CROWN *Jr. 5*, Enjoy Reading より

I spy

準備物	児童用アルファベットカード（大文字）、指導用アルファベットカード（大文字）			
グレード	中・高学年向け	形態	ペア活動	時間	5分
概要	ペアの一方が任意の文字を名称読みで言う。もう一方は、その文字のカードを音読みしながら指す。				

▼指導例

〈1文字ずつ3回で交代〉

T ：アルファベットカードをペアの間に置きましょう。 一方が "I spy B". と言ったら、相手の人は [b][b] と言いながら B のカードを指します。 合ってたら何て言う?

Ss ："Good." / "Good job." / "That's right."

T ：そうですね。You say it 3 times（指を3本立てて見せる）and take turns（両手を交差させて交代するしぐさをする）. OK. Let's start with "Rock, scissors, paper."（じゃんけんのしぐさ）
Ready? Go!

S1&S2 ：Rock, scissors, paper. 1, 2, 3.

S1 ：I won! So, I start. I spy D.

S2 ：[d], [d].（D を素早く指さす）

S1 ：Good job.

S1&S2 ：（3回で交代する）

〈2 文字ずつ 3 回で交代〉
T ：次はもう少し難しくなりますよ。You say two letters. たとえば
　　"G, M", and your friend points at those 2 letters.（2 枚のカー
　　ドを取り、高く上げて見せる）
　　Three times each.（指を 3 本立てて見せる）Are you ready?
S3：先生、僕アルファベット 3 個でもできるよ。
T ：すごいね。じゃあまずは 2 個でやってみて、その次 3 個にチャレンジし
　　ましょう。

＊聞いた文字を指さすという活動は大変単純ですが、教室でのペア活動としてチャー
　トやカードさえあればいつでも短時間で行うことができます。
＊ここでは、S1 が名称読みを言って、S2 がその音を言いながら文字を示す活動をし
　ますが、単語を聞いて文字を指すような活動にするなど、バリエーションも考えま
　しょう。
＊3 文字にすることで、意図的に意味のある 3 文字単語を言う子も出てきます。そう
　いった音と文字との関係への気づきをほめながら、自然に単語が音素で成り立って
　いることへの認識を育てることも可能です。
＊上記のような気づきがいくつか見られるようになったら、「何か知っている単語の
　3 文字を言ってみましょう」などの投げかけをし、チャレンジングな活動にするこ
　とも可能です。

音の足し算・引き算

準備物	小文字のカード (a, t, b, c, h, r)・絵カード (バット・ネコ・帽子・大きいネズミ)				
グレード	高学年向け	形態	クラス全体活動	時間	7 分
概要	❶先生が指す文字のカードを見て、それらについて名称読みと音読みで言う。 ❷先生が並べた 3 文字のカードの組み合わせを見て、音読みの足し算をして言う。 ❸先生がカードの組み合わせの 1 文字を代えるのに合わせて、音読みの足し算をして言う。				

▼指導例

T : （黒板に 6 枚の小文字カードをランダムに貼りつける）**What's the letter?** (小文字の a のカードを指して)

Ss : [eɪ]

T : Right.　What's the sound?

Ss : [æ]

T : Great!　How about this card? (小文字 t のカードを指して)

Ss : [tiː] それから、えっと、sound は…[t]。

T : Perfect. （ゆっくり小文字の a と t のカードを並べて見せる）**Can you do 足し算?**

S1 : [eɪ] と [tiː] の足し算だね。えっと、[eɪtiː]

S2 : 違うよ。[æ] と [t] の足し算だから [æt] じゃない?

T : Right.　Let's do more 足し算!　How about this? (b、a、t の 3 つのカードを並べる)

Ss : [bæt].

T : Yes.　[bæt]. （バットの絵カードを見せる。なければ黒板にイラストを描く）

OK.　Challenge time!　"b" card, goodbye! (b のカードを取り去る)
Hello, "c". （残った a と t のカードの前に c のカードを貼る）

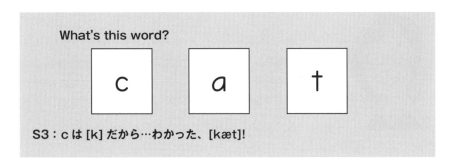

What's this word?

c　a　t

S3：c は [k] だから…わかった、[kæt]!

*活動に入る前に、アルファベットジングル活動（p. 30）、文字から音に結びつける 活動をしておきましょう。

*こういった教師主導の音の操作の指導は、小学校では教師にも負担が大きく、児童 間にも差が出るのであまりふさわしくないとされてきました。ただこのように、児 童のなじみのある単語を使って無理のない程度に、かつ慎重に教えることで、急に 読める子が増えてくるのも事実です。

*この指導をすると、「え、そうだったの？」「分かった」「英語が読めるようになった」 という声が、特にスローラーナーの間から出てきます。

【ワークシート例】

単語の発音が音素から成り立って いることを理解させるために、文字を 書かせるワークシートをご紹介しま す。文字を書きながらその文字の音を 理解し、そこから単語全体へとつなげ るために、その最初の音を認識し、か つ絵という視覚情報も得ながら、「読 めた！」という達成感が得られるわか りやすい単語を使うとよいでしょう。

　　アルファベットジングルではc、k、qがすべて [k] という同じ音であると習っているのに、組み合わせて綴りになったとたんに「catの時はcしかダメ」などと言われると、子どもたちは戸惑って当然です。中学1年生で英語が嫌いになる子どもが多い理由は、そういった戸惑い体験の積み重ね（ステップCを経ずにきたため）が原因ではないかと思います。小学校英語が、ステップCというはしごをかける役割を果たせるようになると、英語教育は大きく変わります。

アルファベットの組み合わせで単語を作ることができる力

　ステップBでアルファベットを音素として認識できるようになった子どもは、黙っていてもそれを組み合わせて単語を作ろうとします。アルファベットカードを持たせておけば子どもは勝手に単語を作り始めますが、感心するほど上手です。例えば、「これでミルクって読めるかな」というので見ると、milk ではなく milc や milq という綴りがあります。これはアルファベットの音読みがきちんと定着している証拠です。（音素感覚がない子どもであれば、miruku と並べているでしょう。）それなのに「違うよ、milk が正しい綴りだよ」などとすぐ修正してしまうと、子どもたちは「英語ってルール通りにいかないんだ。めんどうくさい」と思ってしまうので、文字と音素との関係を認識しかかったことが台無しになります。「全部 [milk] と読めるね。全部正解。すごい、すごい」とほめてあげてください。小学校段階では、音素が組み合わさって単語になるということを認識しているだけで十分だという意識が、指導者側にも必要です。そもそも、大昔のイギリスでは単語の綴りは一定していなくて、人によって綴りが異なることも普通だったそうです。だんだん1種類の綴りに統一されていっただけなので、「昔の人が milk って決めたみたいね」とさらっと言っておけば、子どもたちは戸惑いません。

　こんなこともありました。ある女の子がEXILという順番でアルファベットカードを並べ、悩んでいます。「どうしたの？」と聞くと、「私の好きなグループの名前を書きたいの。これで合っていると思うんだけど、もう一つ字があっ

たような気がして…」というので「最後にEがもう一つあるんじゃない?」というとぱっと顔が明るくなり、「そうだね!」と。でもその後また不思議そうな顔になり、「でもEXILのままでもちゃんと完成してるよね？ だって最後のEは読まないもの」と聞いてきました。フォニックスルールのマジックEのことは聞いたことがなくても、この子は一人でいろいろな思考をしているのです。いちいち修正したり教え込んだりするよりも、今はこうやって文字で思う存分遊んだり不思議に感じたり、思考を深めておく体験が何よりも大切と思います。ここでは、「教える」ではなく「認識させる」という表現を使っているのもそのためです。

慎重に、でもトライしてほしい指導

　ベテラン先生は、こういった綴りに直結する音の指導は先生にも負担が大きく、子どもたちの間にも差が出るのであまりふさわしくないとされてきたことを、ありのままに報告されています。教科となった今、このステップCの指導こそが、小学校英語の鍵を握っています。ステップBをする時間さえない中学校でステップCの指導ができるはずはありませんから、できるとすれば小学校だけです。

　さて、いろいろな小学校の授業を見せてもらった経験からわかるのは、先生によっては綴りを予想させる指導をすでにどんどん始めているということです。しかしどちらかというと、英語の得意な子どもをターゲットにしている実践が多いような気がします。ベテラン先生が、こういった綴りに直結する音の指導は、「特にスローラーナーに効果がある」と言っていたことを思い出してください。「ステップCは慎重に」というのは「ターゲットを間違えないように」という意味も含みます。

　綴りの導入については様々な指導法が提案されていますが、海外の指導法などをそのまま輸入するのがよいとは限りません。長年の指導経験を持つベテラン先生が興味深いことをおっしゃっています。「日本の子どもたちには日本の子どもたちにふさわしい指導法がある」、そしてそれは「オンセット（初頭音）にフォーカスした指導」だというのです。その際、「教えてあげよう」

と意気込むのではなく、「さらっと軽快に」「できたら大いにほめる」ことがポイントだと。この解説を読んでから、もう一度実践を読んでみてください。いっそう納得できるはずです。理想的な綴り提示の順番は、次のように後ろと前に 1 文字ずつ足し算して、その後初頭音を入れ替えていく順番です。

---

a [æ] → at [æt] → bat [bæt] → cat [kæt]

あれもこれも詰め込みたくなる先生はよく、bat の次に map と 2 文字を入れ替えたり、bat の次に bag と最後の文字を入れ替えたり（それまでは初頭音の入れ替えをしていたのに）しています。これでは子どもたちは混乱します。上の例のように、同じパターンを愚直に繰り返し続けること、これが大切なのです。英語が教科になった今、理論を無視して闇雲にレベルを上げていくことなく、こういった地に足のついた指導の効果に目を向けていく必要があります。

D. 単語が読める（という認識を持つ）
──トップダウンとボトムアップ指導

娘が就学前の数年間、家族でアメリカに住んでいたことがあります。当時5歳の娘と動物園へ行った時の話です。彼女が、動物の前で何かブツブツ言っているのに気がつきました。動物の名前が書かれた表示を一生懸命読もうとしているんですね。何とか文字を音声化し、単語が読め、しかも目の前の動物の名前がわかる──その時の彼女の嬉しそうな様子！ 今も忘れられません。その日はすべての看板を読み終わるまで彼女は家へ帰ろうとしませんでした。その体験はまさしく娘の「読みへの第一歩」であり、私の文字指導の原点になりました。後日、その話を幼稚園の先生に伝えると「そうよね。馬を川に連れていけても、そこで水を飲ませることはできないから」とおっしゃったことも大変印象的でした。すなわち、ちゃんとした動機づけをし、レディネスを育てた上でないと子どもたちは文字を学ぼうとしない（水を飲もうとは思わない）という例えです。母語として英語を話す国でもそうなのですから、まして日本の小学校では、読みに至る長い助走期間をトップダウンとボトムアップで子どもに寄り添いながら指導することが大切になるでしょう。KEET の7つのステップではここが一番要の指導になると考えています。

❶トップダウンとボトムアップを取りまぜる。
❷子どもの苦手なところを克服させるのではなく、個々の得意を伸ばす。
❸先生の後について読ませない。少し間を取って挑戦する時間を与える。

両面カルタ取り

準備物	単元で取り扱う絵カード（国旗・食べ物・町の建物・仕事など。表面が絵、裏面が文字になっているもの）を各グループに1セット、5,6人のグループにつき12枚程度				
グレード	中・高学年向け	形態	グループ活動	時間	7分
概要	❶グループごとにカルタの要領で絵カードを場に散らばせておく。 ❷教師が読み上げる単語を聞いて、絵カードを取り、裏返して文字が見えるように置く。すべてのカードを裏返せるまでやる。 ❸グループごとに裏返した文字を読み上げる				

▼指導例

T : Let's play Card-up Game. Place the cards in the middle. The picture sides up.（絵が上になるようにカードを置くしぐさ）先生が言う単語の絵カードを、グループで協力して探しましょう。見つけたら "Here!"（1枚のカードを上にあげるしぐさ）

Ss : （グループごとに教師が言った単語のカードを見つけたらグループの代表の児童がカードをあげる）

T : （全グループから手があがるのを確認してから）OK. Good job. Can you put that card face down?（その単語のカードを裏返すしぐさ）No more picture!

S1 : え〜っ、今のうちに覚えておこう！（グループごとにみんなで絵と文字を見て比べ始める）

T : Are we ready? Next card is …（以下、同じ要領で机の上がすべて文字カードになるまで単語を言い続ける）

Ss : （みんなで協力しながらカードを探し、代表の児童がそのカードを上にあげ、あげたカードは裏返して文字を上にする。すべての絵カードが裏返って文字カードだけになるまで続ける。）

〈パターン①〉

T : Let's play Card-up Game again. This time you can see only the letter sides.（今度は文字カードで、同様にカルタ取りをする）

〈パターン②〉

T ：Now, can you read out the cards in a group?（最後にグループ
ごとに文字カードを読み上げるように指示する）

＊グループ活動でカードゲームをするときに留意したいのは、一人の児童だけが活躍
することがないよう、全員に同じ機会を与えることです。

＊読みに関しては大変個人差が出やすいので、カードの両面を使った活動にすること
で、スローラーナーにも配慮するようにします。

＊簡単な3文字単語とその絵の描かれたカードであれば、単語の認識をさせる活動に
もなります。

歌を歌おう

準備物	クラスで何度も聞いている歌の歌詞のプリント（ここでは Mary Had a Little Lamb）				
グレード	中・高学年向け	形態	クラス全体活動	時間	7分
概要	❶教師から配布された英語の歌の歌詞を見て、何の歌か考える。 ❷歌いながら、歌詞を指で追う。				

▼指導例

T ：Let's sing a song. You know this song. What's this? （歌詞
　　のプリントを配付する）

S1：あ、知ってる！　メリーさんの羊の歌だ。

T ：You all know this song very well. Show me your finger. （人
　　差し指をあげて見せる）Follow the line. Let's sing slowly.
　　Ready?（歌に合わせて歌詞を指で追う）

　　♪ *Mary had a little lamb, little lamb, little lamb,*
　　　Mary had a little lamb,

　　（繰り返しが終わった時に止める）STOP! Where are you?（同じ所
　　に指があることを確認するように見回す）Check with your friend.（友
　　だち同士確認するように促す）

T ：Let's continue. One, two.
　　♪ *Its fleece was white as snow. ...*

＊一度上記のようにゆっくり歌詞の指読み指導をすれば、普通のスピードで CD など
　の音源などをかけても児童はついてくるようになります。

＊音源を使う場合は、途中で音源を止めて同じような確認もできるでしょう。

＊まずはほぼ歌える状態になってから、次に歌詞を配付するという順番にすることで、
　まるで乾いた土が水を吸い込むように児童が文字を見るという状態がスタートする
　ようです。反対に、先に歌詞カードを配布すると、歌うようになりたいためにカタ
　カナをふる児童が出てきます。

＊次のワークシートのように、ところどころ歌詞を絵に置き換える工夫をすることで、
　トップダウンで読みへの興味をさらに喚起する活動にもなります。

【ワークシート例】

　文字指導が進むことで、書く活動を組み合わせ、さらに高学年の知的好奇心に合った活動が考えられるようになるでしょう。ここで例にあげているのは、英語圏の子どもの文字指導でもよく使われるワードサーチです。

　友だちにクイズを出す目的をもって「書く活動」、クイズの答えを探すために「単語を認識させる活動」、答えの確認で「文字を音声化して読もうとする活動」など１枚のワークシートで何種類もの異なる目的の活動を使うことが可能です。あらかじめ、書かせる単語をいくつか指定すると、４×４または５×５マスのシートさえあれば、すぐに始めることができます。

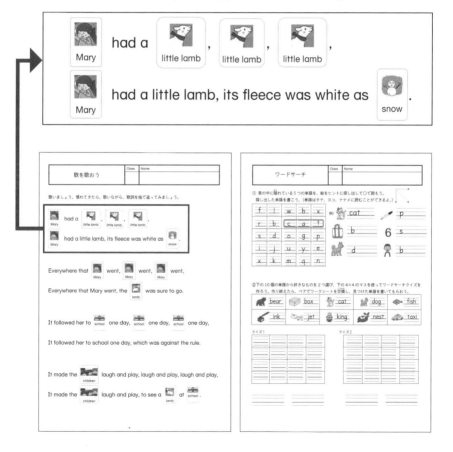

トップダウンとボトムアップ

　ステップＤのタイトルはずいぶん長いですね。メイン
タイトルに加えて、トップダウンとボトムアップの２種類
の方法が補足されています。「もっとすっきりわかりやす
いタイトルにできなかったの？」と思われそうです。しか
し大切なポイントを明確に示すためにはこれ以上のタイト
ルはないのです。今からする説明をお聞きになれば納得してもらえるはずです。

　ここで押さえておきたいのは、「単語を見て音声化できる」と一言で言って
も、耳で慣れ親しんだ語であるかそうでないかには大きな違いがあるという
ことです。「ははあ、ステップABCと違って、Ｄはかなり専門的な理論の話
なんだな」と敬遠される向きもあるかもしれません。しかし、音・文字指導
を一からきちんと理解しようと思って、せっかくこの本を手に取ってくださっ
た方なら、「そうだったのか！」と目から鱗のような気持ちになってもらえる
のは、まさにこのステップＤであるはずです。

　まずトップダウンの方法というのは、学習指導要領にもある「音声で十分
に慣れ親しんだ外国語の語彙や基本的な表現」を文字で見て音声を予想でき
るようにする指導です。後で文字でも提示することを念頭に先生が単語を音
声で導入し、音声と意味の一致を体得させることが先に来ます。

　一方、ボトムアップというのは、子どもが自分で文字を見て、文字と音の
関係に関する自分の知識を総動員して音声化することです。その単語を事前
に音声で十分知っているかどうかにかかわらずです。これは計画して指導す
ることではなく、自然発生的な側面があります。子どもは母語習得であれ第
二言語習得であれ、「ことばを教えられる」という意識がないので、トップダ
ウンとボトムアップの区別がついていないことが多く、むしろ区別しないか
らこそ効果が大きいのだと考えられます。ですから先生の側も「これはトッ
プダウン」「これはボトムアップ」とことさら意識する必要も、子どもが勝手
に文字を見て音声化しようとするのを止める必要もありません。

音声化したくてたまらないのが子どもの言語習得

　学習指導要領では「音声で十分に慣れ親しんだ」表現を文字で見せるトップダウンの指導はマストとしていますが、ボトムアップで音声化する指導を求めていないだけで、子どもが自発的に読み始めることまでを禁止しているわけではありません。みなさんは、小中高の入学時に真新しい国語の教科書をもらい、習う時まで待ちきれず後ろの方のページに載っている小説などを読んだことはありませんか？　習っていない漢字もあるので読めない箇所もあったと思いますが、その前後からある程度意味は想像できたはずです。「習っていないところを読んではいけません」と目くじら立てて怒られることも当然ありませんでした。それと同じと考えてみてください。ただこの考え方は、「子どもが読みたがって自発的に読むならば」という条件下でのみ効果があるのであって、先生が文字を黒板に書き、「この読み方は〜です」と指導するのとは全く異なるということを、強調しておきたいと思います。

できるという認識を育てることの意味

　章のタイトルに「（という認識を持つ）」がわざわざついていることにはどんな意味があると思われますか。これは、従来からの中学校・高等学校の文字指導の歴史の中では、「初見の文字を見て音声化できる」などと夢にも思わない生徒が育ってしまっていたという反省の上に立つものです。「英語とは、綴りを見て、その音を先生に教えてもらって、カタカナでも丸暗記でもいいからとにかく覚えるもの」という間違った認識です。そんな暗記だけの科目に興味を持てるはずがありません。アルファベットの音読みを知ったとたんに周りの英語を探して音声化し始める子どもたち（ベテラン先生のお嬢さんもそうです）は、英語を生きたことばとしてとらえ、世界が広がることにワクワクしています。これこそがことばを学ぶ楽しさであるべきです。「自分は初めて見た英語を音声化することができる、少なくともできるかも知れない」と感じ続けることが英語学習のスタートにあれば、これからの英語教育は大きく変わることでしょう。そういう認識（言い換えるとワクワク感あるいは自分への期待）を育てることを忘れないでいただきたいと思います。

E. アルファベットの大文字・小文字を４線上に書ける

　さて、ここからは文字を「書く指導」の実践のお話です。ステップＥでは大文字・小文字（26字×２セット）を４線に（いずれ線がなくても）正しく書けるようにする指導の方法を提案します。

　Ｅ以降のステップは、子どもたちが高学年になるのを待って集中的にする方が効率がよいと考えます。学年が低ければ低いほど、書く活動には時間がかかってしまいます。高学年になれば、しっかりと筆圧をかけ、正確に書写することができ、さらに短時間で書けるようになります。また、書かせている間は静かに取り組むので、指導する際もどの子が助けを必要としているかの見取りもできます。

　書く指導を行う時には、いつも「セーフティーネット」を張り、自分でどの程度の助けが必要かを決めさせるといいでしょう。お手本のなぞり書きや写し書き、さらにお手本を見ないで書く——これらはすべて書写です。自分のペースで進められるようにワークシートなどを工夫をします。また、黒板に書かれた文字を写すのと、手元にあるワークシートを写すのでは子どもの負荷が違うことも知っておいた方がよいと思います。そうして置いてきぼりの子が出ないようにする一方で、早く課題をこなした子が待つことのない手立てをしながら、指導するようにしています。

❶個人差に対応できる手立てを考える。
❷高学年を待って短時間で集中的に指導する。
❸音と文字の指導を組み合わせる活動をたくさん重ねる。

ABC（大文字）を書こう

準備物	大文字のワークシート			
グレード	高学年向け	形態	クラス全体活動	時間	7分
概要	名称読みをしながら、大文字を書く。 ❶なぞり書きをする　❷書き写す　❸お手本なしで書く			

▼指導例

T ：Let's write the ABC.（アルファベットの大文字が薄く書かれた書写シートを配付する）

T ：Trace the letters. Say the alphabet name as you write. Like, A[eɪ], B[biː], C[siː].

Ss：（アルファベットの名称読みを言いながらなぞる）

T ：Good job! Next line. Copy the letters above as you say A, B, C.

Ss：（なぞり書きした行の下の行に、アルファベットの名称読みを言いながら書写する）

T ：次は、書けた2行を筆箱で隠してください。お手本を見ないで書けるかな？　Let's try, but チラ見 is OK, if you need.

Ss：（次に、何も見ないで書いていく。時々筆箱を上げてチラ見する子もいる）

T ：Can you write again? This time, very neatly（きれいに）/ backward（反対から）/ line letters only（直線でできた文字だけ）. One more time.

＊早く書けた児童には、別の課題を与えて何度か書かせ、その間、机間指導する。

＊大文字を書く指導では、このような活動を朝活動や帯活動として何度か集中して行います。

＊回を重ねると、なぞり書きの必要がなくなり、次第にお手本を見ないでも書ける児童が増えてくるので、その頃にはワークシートの下部を使い、教師が指示を出す文字の書き取りや、友だちとペアで問題を出し合うようにすると、時間の区切りがつきやすく短時間で取り組みやすい活動になります。

＊文字の書き取りをする場合は、最初は1字ずつ書かせますが、しだいに2字、次に3字と増やしていくようにします。形や名称読み指導を組み合わせた活動となります。

【ワークシート例】

大文字	Class	Name

①アルファベットの大文字をなぞって書こう。

A B C D E F G H I J K L M
N O P Q R S T U V W X Y Z

②上でなぞって書いた文字を参考にして、アルファベットの大文字をていねいに書こう。

③何も見ないで、アルファベットの大文字をていねいに書こう。

④何も見ないで、今度はZからAまで、アルファベットの大文字をていねいに書こう。

abc（小文字）を書こう

準備物	小文字のワークシート				
グレード	高学年向け	形態	クラス全体活動	時間	7分
概要	アルファベットチャンツを言いながら、小文字を書く。 ❶なぞり書きをする　❷書き写す　❸お手本なしで書く				

▼指導例

T ： Let's write a[eɪ] b[biː] c[siː].

（ワークシートを配付する）

T ： Trace the letters. Say the Alphabet Chant as you write.
Like, b[b], b[b], bear.

Ss ：（アルファベットチャンツを口にしながら小文字をなぞる）

T ： Good job! Next line. Fill in the blanks.（大文字の隣にある空欄
を示す）お手本を見なくても小文字がわかる人は、できるだけ見ないでやっ
てみましょう。Ready?
（だいたいできたのを確認して）次は、書けた2行を筆箱で隠してください。
お手本を見ないで書けるかな。Let's try, but チラ見 is OK, if you
need.

Ss ：（何も見ないで書いていく。時々筆箱を上げてチラ見する子もいる）

T ： Can you write again? This time, can you write any 3 letter
words?（3本指を立てる）Like cat ── c, a, t. 知っている3文字の
単語をできるだけたくさん紙の裏に書いてみましょう。

Ss ：（3文字の単語を考えて書いていく）

＊早く書けた児童には別の課題を与え、その間、机間指導する。

＊小文字は大文字とマッチングさせることからスタートします。大文字と違って、書
く位置に注目させる必要があるので、書かせる前にアルファベットソングなどを使っ
て「高さ」を確認しておくとpを書く位置やnとhの混乱を避けることができます。

【例】歌を歌いながら以下の動作をする。

手を叩く― a, c, e, i, m, n, o, r, s, u, v, w, x, z（1 階建ての文字）

頭を触る― b, d, f, h, k, l, t（2 階建ての文字）

机を叩く― g, j, p, q, y（地下室つきの文字）

【ワークシート例】

　ここで紹介するワークシートは、音の指導の時にご紹介したものと同じ形式です。

　大文字や小文字が、相手にうまく伝えるために文字を「正しく」「きれいに」書けるようになる練習は必要です。その際、こういったたくさんの目的をもったワークシートであれば、子どもは飽きずに取り組みます。指導において、音と文字の結びつきをさらに後押しする意味で有効です。短時間で取り組める簡単なワークシートを系統的に取り入れながら「書く」活動をすることで、文字から単語への認識も深まります。大事なことは、書く活動にも音をつけさせることです。黙々と書くのではなく、「小さい声でいいので、読みながら書きましょう」と指示して取り組ませるようにします。

文字は文化を映し出す鏡

　国語の授業でひらがな、カタカナ、漢字の書き方を指導されているようすを見ると、小学校の先生方は文字の書き方の指導がお上手です。全身で空中に文字を書いたり、「はねて、止めて…」とリズムに乗せて朗唱したり、そのスキルや身体性を駆使した手法の豊かさに圧倒されます。アルファベットの書き方の指導も自信をもってされている先生が多いように思います。

　そこで、日本語と英語の音が全く異なるのと同じように、日本語の文字と英語の文字は、形だけでなく文化も異なることを知っていただければと思います。一番大きな違いは、英語には書き順がないということです。何となく多くの人が使う順、書きやすい順というのはありますが、これでないとダメというものはありません。それは、「文字の美しさに重きを置く文化がない」からではないかと思います。私も国語教員をしていた時に硬筆や毛筆の指導をしました。日本語は文字の美しさを重視する文化があるので、文字が美しく見える書き順がとても大切になってきます。

　しかし英語圏のように文字を美しく書くことにあまり価値がなかったら、と想像してください。（カリグラフィーは別で、どちらかというと美術のレタリングに近いものです。）当然、書き順も気にしない文化になると思います。

　ある出版社からペンマンシップを出版した時、私は書き順を記載しない方針を伝えていました。ところが最後の最後になって、「小学校の先生がどうしてもつけてほしいと言われるので」と言われて、書き順を記載することになったのです。しかし、どうしても私の思いを伝えておきたかったので、欄外に小さな字で「これは一般的に多い書き順を示しただけで、実際には書き順は決まっていません」と注を入れました。この件でわかるように、国語と同じ感覚で書き順にこだわる英語の文字指導をしておられる先生が少なくありません。率直に申し上げると、そのような時間があればもっとコミュニケーション活動に使ってほしいと思いますが、文字を書く指導について言えば、書き順より重視してほしいことがあります。それを、次にお話しします。

4線の意味

　美しくなくてもよいですが、正しい文字を書くことは大切です。実は英語圏の人にばかりでなく、アルファベットの文字を使うすべての文化圏の人にとって、文字の高さは大変重要だと言われています。ある調査では、文字が不明確な場合と、文字は明確だが高さがバラバラだったり間違っていたりする文を読んだ時、後者の方がわかりにくいと回答した人の方がずっと多かったそうです。

　中学生に文字指導をしていた時に気になったのは、4線上に正しく文字の高さが取れない生徒が多いことでした。これは少し時間をかけて定着させる必要のあるポイントです。もう一つ気にしてほしいポイントは、文章を書く時に、単語と単語の間に適切な間をあけて表記できるようにすることです。

　この2点は、指導者が意識して指導することが大切です。「単語と単語の間はあけなさい」と言うだけでは足りません。それを指導した最初の数回の授業では、ワークシートなど子どもの書いたものを必ず回収し、一人ずつ赤ペンで修正し、「どの子ができていないのか」を把握して、最後の一人ができるようになるまで目を離さないことです。先生も忙しくて大変だと思いますが、数回のことなのでちょっと頑張っていただきたいところです。いったん全員にマスターさせてしまえば、もうその後は何の心配もなくなります。このように指導するかどうかで、子どもの定着は見事なまでに違ってきます。国語の文字指導でも同様のことをやられている先生も多いのではないでしょうか。

　4線の上にお手本なしでもきちんと書けるレベルになると、4線が目障りになってきます。そうなると1本線だけのワークシートを混在させていくこともよいでしょう。ただ、4線ノートから大学ノートに変更させる時期は、これまで中1の3学期や中2の1学期だったことを思うと、小学校段階で急ぐ必要はありません。1本線上に英語を書かせた時に、それでも文字の高さが正しく取れているなら大丈夫ですが、バラバラになるようなら、まだ早すぎる証拠です。丁寧に確認しながら進んでいきましょう。

F. 語や定型文を筆写する

　外国語科では、自分の行きたい国を発表したり、住んでいる町の紹介をするといった活動が行われることが多いです。その中には、行きたい国の国名を選択肢の中から選んで書写したり、自分の町には、「大きな図書館がある」と伝えるために、"We have a big library." という英文をポスターに書いたりする活動が含まれます。こういった「思いを伝えるため」の書写活動に、高学年の子どもたちは生き生きと取り組んでくれます。特に、発表活動や覚えることが苦手な子は、この書く活動で輝き始め、その流れで発表活動への姿勢が変わることもあります。ただ、どこまで本当の情報にこだわるか、内容に自由度を与えるかは悩ましいところです。指導が複数体制で、ALT やJTE がすぐに子どもの「言いたいこと」を英語で教えてくれる現場もそれほど多くはありません。

　まずは、子どもの思いをできるだけ反映した「選択肢」を用意することで筆写指導のスタートを切りましょう。

❶読み手が読みやすい字を意識させる。

❷基本ルールは、実際の場面を使って教える。

❸活動に目的を持たせる。

友だち当てクイズをしよう

準備物	自己紹介ワークシート、ワードバンク（表現のためのイラスト付きの単語リスト：教科書掲載のもの、またはシートにしたもの）			
グレード	高学年向け	形態	クラス全体活動	時間
概要	❶好きなこと、できること、得意なことをワードバンクから探し、ワークシートに書く。 ❷ワークシートをシャッフルして、クラスに配布し、自分のところに来たシートが誰のものか当てる。			

※時間欄の内容:
・第1時：15分（ワークシート書き）
・第2時：15分（ワークシートでのクイズ）

▼指導例

T ：Today, we do "Guess who" activity. First, I'll pass out the worksheets. そのワークシートに好きなこと、できること、得意なことの３つを書いてください。I'll also give you a word bank.
(表現も語彙も十分に音声で慣れ親しんだものが掲載されたワードバンクのシートを配る)

T ：Let's fill in the blanks one by one. First, what do you like?
(ワードバンクのプリントを指さしながら) You see, it says, "I like _____." on the top line. I choose "baseball" so I write "baseball" here. (ワークシートの空欄にワークバンクから選んで書いて見せる)

T ：Now. No. 2 question is: "What can you do?" Well, I can swim. I write "swim" here. (児童が同じようにワードバンクから自分が好きなことやできることを選んで写すようすを机間指導する) ていねいに書いてね。お友だちも後で読めるように。
(全員が空欄を埋められたところで回収する)

＊自分自身の情報を選んで書く活動であると同時に、書いたものを友だちに読んで当ててもらうというゴールがあるので、目的を持って「文字で他者に情報を伝える活動」となります。

＊自分で書いている語彙や表現の意味がわからなければ単なる書写だけの活動となっ

てしまいます。ワードバンクとして新出の単語をあげる場合は、必ず絵などの足場掛けをし、場合によってはその読み方もみんなで確認しておくようにします。また、友だちの書いた情報を読んで理解することが求められるので、既習事項をていねいに復習し、取り組ませる必要があるでしょう。

*次時に、自己紹介ワークシートを名前を伏せたうえでシャッフルしてクラスに配布します。そして自分に配られた自己紹介が誰のものかを当てる活動につなげていきます。

【ワークシート例】

実際に児童が書いた英文をもとにクイズ用のワークシートにした例です。（児童名は仮名、内容は一部変更しています。）

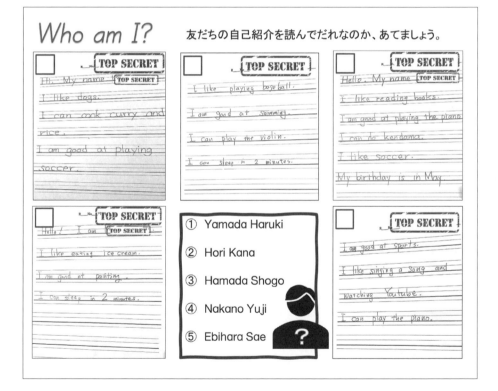

単語シャッフル

準備物	4 線の書写シートあるいはノート				
グレード	高学年向け	形態	クラス全体活動	時間	7 分
概要	教師は、自己紹介の 4 文程度のモデル文を用意しておく。教師の指示に従い、語順や語間の空き、ピリオドに注意しながら、モデル文にならって自己紹介の文を書く。				

▼指導例

T ： Our new ALT is coming next week. (児童の歓声が収まるのを待って) 新しい ALT、マイケル先生に見せるための自己紹介を書きましょう。 Please take out your pencil. (4 線だけのワークシートを配る) How should we start?

S1： Hello!

T ： OK. How do you spell "Hello"? Is this OK? (と言いながら、小文字で書き始めたり、ローマ字で Harou と書いたりしながら、児童とやり取りする)

T ： Next line. What's next? What do you think?

S2： 自分の名前を書いたらいいと思います。

T ： Ah, good idea. どう言うの？ 名前？ (と言いながら黒板に name と書く)

S3： my だよ、my が要る。

T ： What? My? OK. I write "my" here. (わざと name の後ろに書く)

Ss： No, no!

T ： How do you write "My name is Yuji"? Teach me how. (わざと困った顔をする)

Ss： My / name / is / Yuji.

T ： Oh, I see. My. M is a capital (大文字), right? Then, space, "name", space, "is", space, "Yuji". (と言いながら単語の間を空けて書いていく) Y is a capital, too. (Y を指さす) Then, you put a period. (と言いながらピリオドを書く) Thank you very much. Now, can you write yours on your worksheet?

＊あらかじめ４文くらいの簡単な英文を用意しておき、それを単語レベルでバラバラにして掲示用バナーにしたものを準備してもわかりやすい活動になります。

＊児童とのやり取りでは、常に、英語の文を書く時のルールとして「文の最初は大文字」「名前や地名などの固有名詞の最初は大文字」「単語の間にはスペースを置く」「最後はピリオドを打つ」ということを繰り返し意識させます。

【ワークシート例】

　「自分の町を紹介」という単元で使用したワークシートと *CRWON Jr.* の例を紹介します。最初の授業で、教師のスピーチで「自分の町を紹介する」という単元の出口を示した後、施設などの語彙を導入。そのうえで、自分の町には何があって何がないかと考え、フォーマットを埋めさせます。（We have a ＿＿＿＿＿ in our town.）ここでは、施設などの単語は事実に合わせて選択しています。

「書き写す」はそれだけにとどまらない活動

　We Can! 1・2 には、単元の最後の授業に向けて1文ず
つ授業で書くような、語や定型文の書写活動がいくつか見
られます。最終的にはその書かれたものをもとに発表活動
をし、そのパフォーマンスを先生が評価します。書写活動
では、音声で十分に慣れ親しんだ、子ども自身にとって意
味のある定型文を書くことが意図されていました。検定教科書にも同様にそ
のような活動があります。これがとても大切なのです。

　AからEまでのステップをしっかり踏んだ上で迎えるステップFは、形
を真似るだけの書写ではありません。幼児がひらがなを意味もわからず書き
写したり、小学校低学年くらいの子がTシャツに書いてある英語を意味もわ
からず書き写したりするのとは一線を画していることがおわかりのはずです。
実際は、そのキーセンテンスがワークシートに載っていて、それを下に写し
書きするだけの活動は6年生でもよく見ますし、それはそれで意味がないわ
けではありません。しかし実践編で紹介されている活動は、そのような単純
作業とは全く違います。例えば、自分が「ワードバンクなどから選んで」書
き写したものを後で誰かが読むという活動は、自分の考えや気持ち、知って
ほしい情報などを文字を介して「誰かに伝える」という実体験につながります。
それこそが真のコミュニケーション活動です。

宛名のあるライティングに子どもはワクワクする

　中学校教員時代の話ですが、ある先生が「アメリカの大統領に手紙を書こ
う」という活動を考えて、生徒たちは一生懸命取り組みました。しかし、先
生としては動機づけのためにテーマを設定したつもりだったので、実際に大
統領に手紙を送ることはしませんでした。ワクワクして書いた生徒たちはと
てもがっかりしたようです。先生側の事情もわかるので、それをとやかく言
うつもりはありません。むしろ、中学生になってもまだそういう気持ちを持っ
ているのだ、と逆に嬉しくなったのを覚えています。

　それ以来私は、中学校で「クリスマスカードを書こう」のような活動をす

る時、「本当に誰かにあげること」を条件にして、誰にあげるのかを最初に報告させてから開始するようになりました。すると、意外な人（クリスマスでも一人ぼっちの近所のおじいちゃん、など）を報告してくる生徒もいて、生徒たちのモチベーションの高さはすごいものでした。私は生徒の変容に驚き、簡単なライティングをさせた後でも回収して、すぐにいくつかを皆の前で読み上げるのが習慣になりました。聞いている生徒たちが笑ったり歓声を上げたりと反応します。「自分が書いたものをクラスのみんなが聞いて反応している」ということが生徒のモチベーションをさらに上げていきました。また「自分が書いたものが読み上げられるかもしれない」と生徒たちは期待し、読んでほしいとさえ思うようになりました。

　恩師のことばが心の底から理解できたのもその頃です。ダジャレ好きのその恩師は「英作文は英借文」が口癖で、「英語の初心者のうちは、どこかで見た英文を真似して写したっていい。本当に自分が伝えたい意味を伝える時に、その表現が思い出せて、ベストのタイミングで真似できることも、英語力のうちです」とおっしゃっていました。沖縄への修学旅行での平和学習についてライティングさせた時、ある中学3年生が、「戦争がない日をいつか実現させたい」と書いた後、"Maybe someday we can." と書いていました。それは、2年前に中学1年生の教科書で接した英文です。それを、本当に自分の思いを表現したい時に想起し、ベストのタイミングで使えたこと、これが恩師のおっしゃっていたことなのだと、生徒の成長に胸が熱くなりました。

　ロシアの心理学者レフ・ヴィゴツキーや同じくロシアの哲学者ミハイル・バフチンはともに、声には必ず「宛名」が存在する、という趣旨のことを言っています。きっと誰もが共感できる考え方だろうと思います。伝えたい相手がいるからこそ、私たちはことばを話し、文字を書き、思考します。それは難解な理論でも、高校や大学の言語教育に限られた話でもありません。小学校の教室にこそ必要な考え方なのです。小学生は中学生以上に「意味を伝えたふり」「意味を伝えたと仮定する」というフェイクに敏感です。だからこそ宛名があるシチュエーション、本当に意味を伝える設定を作るために、ベテラン先生は日々工夫を重ねています。

G. オリジナルの文章を書いてみる

　学習指導要領の「書くこと」の指導では、小学校ではステップ G までは求めていません。しかし、いったん文字が他者に思いを伝えるツールだと知った子どもたちは、文を書こうとし始めます。3 年生でローマ字を学んだ子どもたちが何人も「英語」のお手紙を ALT に持ってくるのがそのいい例です。ローマ字で "Eigo ga suki desu" などと書かれていても、日本語がわからなければ ALT にその意味は通じません。しかし、対面では言えなかったことを、文字というツールを得た嬉しさにすぐに手紙を書いたことで、その思いは十分に伝わってきます。そんな姿を目にすると、子どもたちの方が文字を書くという本当の意味を理解しているのではないかと感じます。ここでは、どんな指導が「書きたい気持ち」を喚起するかを現場の経験からお伝えしたいと思います。書くことの指導に関しては、少しだけ先を行く私立小学校の例になります。

> ❶選択肢に少しだけ自由度を与える。
> ❷誰に対してのメッセージか、読み手を特定させる。
> ❸文字を書くための「特別活動」を設定する。

英語版　硬筆書初め大会

準備物	4線が入ったシート（下書き用の普通紙、本番用の上質紙）、書く内容のサンプル				
グレード	全学年向け	形態	クラス全体活動	時間	第1時：15分（下書き）第2時：15分（本番）、第3時：表彰式　5分
概要	書初めのサンプルを見ながら誰にどんなメッセージを書くか、考える。書初め大会で、メッセージを書く。表彰式をする。				

▼指導例

〈下書き〉

　以下は、下書きを書かせる際の中学年に向けてのティーチャートークです。

T ：Today, we'll practice writing a message in English. メッセージを送りたい人を選びましょう。Your mother is OK. Your teacher is OK, too.　I'll show you how to write.（見本を示す、または学年によってはお手本になる見本とともに、書き換えができる語彙が入ったワードバンクを配付）**冬休み明けの授業で英語書初め大会をしますので、おうちでしっかり練習をしてきてくださいね。一月は、クラスで一発勝負です。金賞、銀賞、銅賞を選びますよ。**

書く内容：

　低学年―自分の名前、アルファベットの大文字・小文字の書写、好きな英単語
　中学年―Dear ＿＿＿, Merry Christmas and Happy New Year! 自分の名前
　高学年―自分の好きな英語の単語・表現または知っていて気になる英語の表現。

　　例）Time is money. / Never give up! / No game, no life*. /
　　　　Just do it. / Love など

　　　　　　　　＊『No Game No Life』は榎宮祐作のライトノベルのタイトル。

〈書初め大会〉
　冬休み明けの最初の授業で上質紙を配付し、休み中に練習してきたそれぞれの英文を清書します。その際に、消しゴムを使わない、静かに心を落ち着けて書く、などのクラスルールを決めて実施します。

〈結果発表〉
　学級担任、専科教員、また ALT などの複数教員が清書を見て、クラスのトップ 5 名を選び、次の授業で表彰式を行います。

＊毎年、冬休みの宿題としてこの書初め大会に向けての練習を課題とし、休み明けの最初の授業に書初めをする時間を取ります。他教科などですでに書初めはしていることから、児童は要領を知っているので、休み中の練習の成果がしっかり発揮できる大会になります。休み前に英語の文字を書くにあたってのルールをおさらいしておきます。

＊低学年は、アルファベットの大文字・小文字を、お手本を見ながら書く以外に、英単語を 1 つ書かせたり、中学年ではメッセージを誰かに送る目的で書かせたり、高学年では自分でも意味のわかるセンテンスを選んで書かせたりしています。

＊通常は、書くことに時間を割く機会があまりないため、年に一度このような活動を、学校をあげてすることが、普段目立たなかった児童に活躍の場を与えることにつながります。クラスで賞を発表し、参観日に掲示して保護者に見てもらうこともあります。

海外の友だちと文通しよう

準備物	下書き用の紙、清書用の便せん紙				
グレード	高学年向け	形態	クラス全体活動	時間	30 分
概要	❶教師が手紙の文例を書いていくのを見る。　❷手紙文のワークシートに、自分のことを書き入れる。　❸清書する。				

▼指導例

T ： We'll start our "New Friend Project". We want to make new friends around the world. (「世界に新しい友だちを作ろうというプロジェクトを始めます」と言い、黒板に "New Friend Project" と書く)

(以下の内容を考えさせる)

・既習表現から自己紹介の内容を考えさせる。

・手紙を出す国の紹介をしてイメージを広げ、相手に聞きたい質問などを考えさせる。

(あらかじめ始まりと終わりの文などが書き込まれた下書き紙を配付)

```
Dear my new friend,
Hello.
My name is Nakano Yuji.
I go to Midori Elementary School.
I like P.E.
I am good at soccer.
Do you like soccer?
What sport do you like?
        (自由質問)
Hope to hear from you soon.
                Your friend,
                Yuji
```

T ： I'll show you an example. Please look at the blackboard.

(黒板に教師の例を書いて見せる)

＊メールの時代に手書きで書かせる文通プロジェクトは時代に逆行しているように見えますが、実際に始めてみると児童の書くことに対する積極性が大きく変わります。実践では、先方の教師の協力で年間2往復のやり取りをしてカリキュラムにも入れています。

【ワークシート例】

New Friend Project	Class	Name

海外に新しい友だちをつくるための手紙の文を書いてみよう。

Dear my new friend,

Hello. My name is _____.

I go to _____ Elementary School.

I like _____.

I am good at _____.

Do you like _____?

What _____ do you like?

_____ 相手への質問を自由に書こう。

Hope to hear from you soon.

Me

Your friend,

_____

解説

子どもたちが大好きな最後のステップ

　いよいよ最後のステップです。学習指導要領ではこのステップＧの段階までは求めていませんが、子どもたちは自然にこの段階に入っていくことをベテラン先生は報告してくれています。毎年数人の子どもたちが自発的にローマ字の手紙を書いてALTに持ってくる、というお話でした。文字の学びは、正しい文を正確に書くことではなく、自分の思いを人に伝えるためにあるのだと、子どもは本能的に知っているのでしょう。文字を書くことで通じ合えるとわかり、ワクワクする思いでローマ字の手紙を書いたのだと思います。小学校における文字指導の原点はここにあるのではないかと思います。

　もともと高学年の子どもは、英語を書く活動が大好きです。文字を音声化したり、意味を結びつけたり、字の形を認識したり書いたり、といったように、「書くこと」は頭も目も手も使うマルチな活動であることが、子どもたちの知的好奇心を刺激するのだろうと思います。書き写すだけの活動でさえ真剣に取り組んでくれます。教える立場からすれば、一定の時間、全員黙々と真剣に取り組ませることができ、指導に余裕ができます。だからこそ、書くことの指導を教室で行う際には、その時間の意味とコストパフォーマンスを注意深く考えるべきだと思います。ステップＡ〜Ｆを経てきたこの段階では、正しさ、美しさを追求したり、ドリルのような反復練習をして興味を失わせてしまうよりは、文字は自分の思いを伝えるコミュニケーションの道具であり、そのための書くことの指導という視点を、指導者は持っていたいものです。

表現したい気持ちを抑えない、それだけでいい

　気をつけるべきなのは、「〜について書きなさい」といった全くの自由英作文にしてしまわないことです。自由に書かせると、子どもたちは書きたいことがいくらでもあるので、「○○って英語でどう書くの？」という質問の嵐になります。先生によってはすべてに答えようとして、辞書を引きながら教えたり、「そんな難しい単語は読めない」と言われてカタカナを使いだしたり、英文がうまく書けない子どものために作文したり、という本末転倒な展開になる場合もあ

ります。そうならないように、書くことの指導について、子どもは今どの段階にいるのか、次にどの段階に進ませたいのか、というビジョンを指導者側が持つことが大切です。具体的には、使う語彙を制限したり、既習語彙だけで表現できるテーマ設定にしたりするような配慮をするなどといったことです。

　子どもが自然と「自分で表現してみたい」と思うタイミングを見逃さないことが大切です。逆に言えば、子どもたちがその状態にないのであれば、ステップ G をやる必要はありません。子どもの中にたくさんの表現がたまっていって、それらをうまく思い出せれば、けっこういろいろなことが表現できるのではないか、と一定の自信がつく…そんなふうに子どもに思わせることができたら、先生の指導が適切であったということです。そして子どもが自分の中に蓄積された表現だけである程度のことを書くことができる（ほんの少し、先生に教えてもらうこともある）活動を設定することが理想です。書く内容は、教科書で扱ったことのある身近なものがよいでしょう。強制せず、間違ってもいいのであくまで書きたいことを書く、という気持ちで見守り、表現したいという気持ちを抑えないことが大切です。

　文字は、時空を越えます。他者の思いを受け止めたり、あるいは自分の思いを時間と場所を超越して伝えたりするために文字を学んでいる、という原点を忘れない指導にしたいものです。

ステップ G を位置づけた意味

　小学校でこの段階まで持ってこられるクラスは限られているかも知れません。しかし、ステップ G を入れたのは、日本の子どもが英語を学ぶステップの理想形を示すことに意味があると考えたからです。ステップ G のタイトルを「〜書いてみる」という表現にしたのも、結果的に子どもが書けるようにならなくてもよいが、先生はそれを目指して指導する、という言外の意味が込められています。音・文字習得の理想の順番と、その結果たどりついてほしい子どもたちの理想の姿がはっきり見えていることで、先生方は不安になることなく、地に足のついた指導をすることができると考えます。

KEET メソッドの 7 つのステップとポイント

A	アルファベットの形の認識と名称読みができる	❶ 身の回りにある英語の文字に気づかせ、その形を認識させる。 ❷ 児童の発達段階に合った指導を心がける。 ❸ 全体からグループ、ペアから個人へと活動にバリエーションをつける。
B	アルファベットの音読みがわかる	❶ さまざまな活動で何度も文字を見ながら音に触れさせる。 ❷ 最初はスタンダードな音源を十分に使う。(ICT 教材の活用) ❸ 気長に指導。教え込もうとしない。
C	単語が音素で成り立っていることを認識する	❶ 教えるのではなく、さらっと気づきの後押しをする。 ❷ 児童間の理解の差にも十分に配慮する。 ❸ 外国や英会話スクールのメソッドをそのまま持ち込まず、クラスの状況に合わせた小学校にふさわしい指導をする。
D	単語が読める(という認識を持つ)─トップダウンとボトムアップ指導	❶ トップダウンとボトムアップを取りまぜる。 ❷ 子どもの苦手なところを克服させるのではなく、個々の得意を伸ばす。 ❸ 先生の後について読ませない。少し間を取って挑戦する時間を与える。
E	アルファベットの大文字・小文字を 4 線上に書ける	❶ 個人差に対応できる手立てを考える。 ❷ 高学年を待って短時間で集中的に指導する。 ❸ 音と文字の指導を組み合わせる活動をたくさん重ねる。
F	語や定型文を筆写する	❶ 読み手が読みやすい字を意識させる。 ❷ 基本ルールは、実際の場面を使って教える。 ❸ 活動に目的を持たせる。
G	オリジナルの文章を書いてみる	❶ 選択肢に少しだけ自由度を与える。 ❷ 誰に対してのメッセージか、読み手を特定させる。 ❸ 文字を書くための「特別活動」を設定する。

「読むこと」と「書くこと」の目標と言語活動

（小学校学習指導要領〔平成 29 年度告示〕　第2章　第10節　外国語より）

◀目標▶

●読むこと

ア 活字体で書かれた文字を識別し，その読み方を発音することができるようにする。

イ 音声で十分に慣れ親しんだ簡単な語句や基本的な表現の意味が分かるようにする。

●書くこと

ア 大文字，小文字を活字体で書くことができるようにする。また，語順を意識しながら音声で十分に慣れ親しんだ簡単な語句や基本的な表現を書き写すことができるようにする。

イ 自分のことや身近で簡単な事柄について，例文を参考に，音声で十分に慣れ親しんだ簡単な語句や基本的な表現を用いて書くことができるようにする。

◀言語活動▶

●読むこと

ア 活字体で書かれた文字を見て，どの文字であるかやその文字が大文字であるか小文字であるかを識別する活動。

イ 活字体で書かれた文字を見て，その読み方を適切に発音する活動。

ウ 日常生活に関する身近で簡単な事柄を内容とする掲示やパンフレットなどから，自分が必要とする情報を得る活動。

エ 音声で十分に慣れ親しんだ簡単な語句や基本的な表現を，絵本などの中から識別する活動。

●書くこと

ア 文字の読み方が発音されるのを聞いて，活字体の大文字，小文字を書く活動。

イ 相手に伝えるなどの目的をもって，身近で簡単な事柄について，音声で十分に慣れ親しんだ簡単な語句を書き写す活動。

ウ 相手に伝えるなどの目的をもって，語と語の区切りに注意して，身近で簡単な事柄について，音声で十分に慣れ親しんだ基本的な表現を書き写す活動。

エ 相手に伝えるなどの目的をもって，名前や年齢，趣味，好き嫌いなど，自分に関する簡単な事柄について，音声で十分に慣れ親しんだ簡単な語句や基本的な表現を用いた例の中から言葉を選んで書く活動。

あとがき

　小学校英語の研修会や研究会に行くといつも、小学校の先生の熱心な姿勢に驚かされます。確かなのは、小学校の先生は教科に関係なく、子どもたちのためになること、子どもたちの力になることならいくらでもがんばるということです。そんな先生方のために、わかりやすい文字指導の本を書きたい、とずっと思っていました。文字指導こそが、中学校以降の英語につながる大切なポイントだからです。

　私と田縁眞弓先生の強みは、小学校での指導経験があることと、先生方が必要としていることが現場の実感としてわかっていることです。自分たちで言うのも何ですが、"ベテラン先生"です。無我夢中で子どもたちと過ごしてきた長い年月と、残された時間を考えた時、そこにあるのはこれからの小学校英語を背負って立つ先生方に託したい経験と熱い思いだけでした。とことんわかりやすく、でも理論に基づいているからこそ納得できる、そんな本を作りたい。現場の実践が生き生きと目の前に浮かび、目指す子どもの姿がはっきりとイメージできる本を作りたい。――そこから出発した本書の執筆は、信じられないくらい楽しいものでした。本音で語り合い、ちょっとでも納得しないことがあればすぐにオンラインでディスカッション。本音しか書かないと決めていたので、時には筆が走りすぎたこともありますが、温かくかつ寛容に見守ってくださった田縁先生、三省堂編集部富岡次男氏にも深謝です。その結果、理想どおりに本が完成していくのですから、楽しくないはずはありません。

　最後に、文字指導のテーマをともに追究し、ご指導いただいた湯川笑子先生、泉惠美子先生、そしてこの間一緒に学んだ小学校の先生方に心から感謝申し上げます。「子どもたちのために」という思いでがんばっていれば、こんなに素晴らしい指導者や仲間とつながれるのだと知りました。そんな仲間を広げるため、本書を手に取られた先生と、対話をするつもりで書きました。そんな私たちの思いが届けば幸いです。

　　　　2020 年 8 月　　　　　　　　　　　　　　　　　　　山本　玲子

山本玲子（やまもと・れいこ）

京都外国語大学・京都外国語短期大学准教授。博士（言語文化学）。専門は英語教育学。京都府内の小中学校で勤務の後、大阪国際大学准教授を経て現職。検定教科書『CROWN Jr. 5・6』（三省堂）の編集に携わるほか、『身体論と英語教育』（青山社）、『初等外国語教育』（共著：ミネルヴァ書房）、『小学校で英語を教えるためのミニマム・エッセンシャルズ─小学校外国語科内容論』（共著：三省堂）などの著書がある。身体性と第二言語習得の関係を軸に研究しつつ、各地の小学校・中学校教員を対象に研修や指導に精力的に動く。

田縁眞弓（たぶち・まゆみ）

ノートルダム学院小学校英語科。長年にわたり、小学生を対象とした英語指導に関わる。元文部科学省新教材作成委員会メンバー。検定教科書『CROWN Jr. 5・6』（三省堂）編集委員や外国出版の教材開発アドバイザーのほか、『小学校で英語を教えるためのミニマム・エッセンシャルズ─小学校外国語科内容論』（共著：三省堂）、『新編 小学校英語教育法入門』（共著：研究社）などの著書がある。京都教育大学、京都ノートルダム女子大学などの教員養成課程で小学校英語の指導法を教え、さらに教育委員会、文部科学省、学会の研修・ワークショップでの講師として全国を飛び回る。

執筆分担：各部および特別講座の解説、こんなふうにやってみましょう⑥⑧⑩（山本）
こんなふうにやってみましょう①〜⑤⑦⑨、第３部の指導例（田縁）

装丁・本文デザイン　芝山雅彦（スパイス）
本文イラスト　　　　すみもとななみ

小学校英語　だれでもできる英語の音と文字の指導

2020年11月10日 第１刷発行

著者　　　山本玲子・田縁眞弓
発行者　　株式会社 三省堂　代表者　北口克彦
発行所　　株式会社 三省堂
　　　　　〒101-8371 東京都千代田区神田三崎町二丁目 22 番 14 号
　　　　　電話　編集(03)3230-9411　営業(03)3230-9412
　　　　　https://www.sanseido.co.jp/
印刷所　　三省堂印刷株式会社